KB273046

# 서울 아파트,

# 20대부터
# 준비하라

가진 것 없이도 서울에 안착하는 16년
4x4 사이클, 서울 입성 공식

# 서울 아파트, 20대부터 준비하라

윤만(땅땅무슨땅) 지음

모티브

# 목차



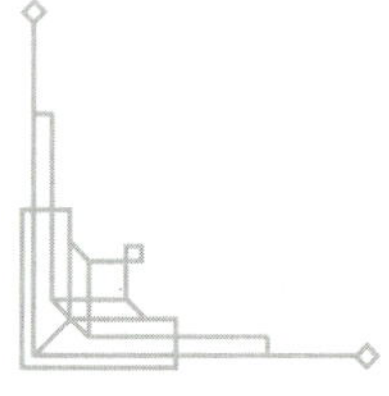

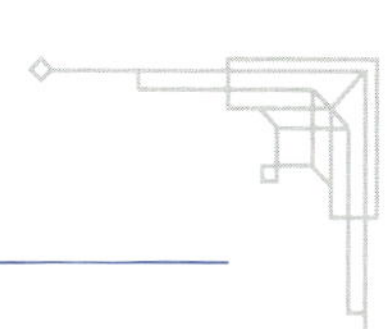



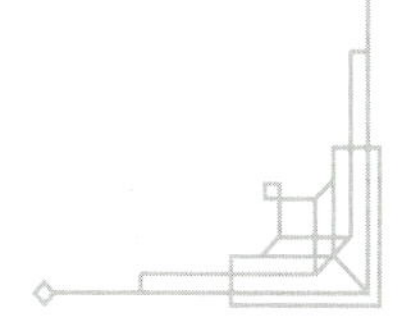

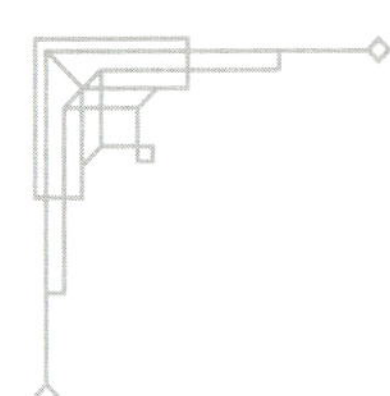



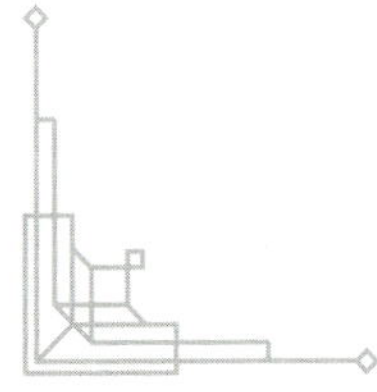

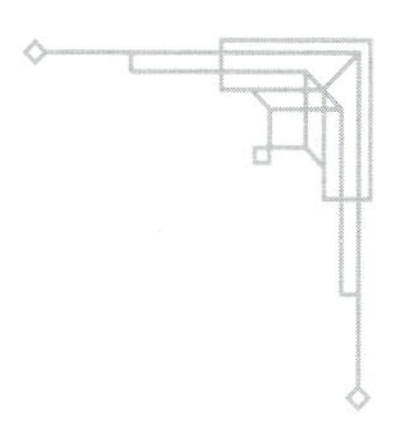



## 6부. [가속 페달]
# 4×4 사이클을 완성하는 현실적인 무기들



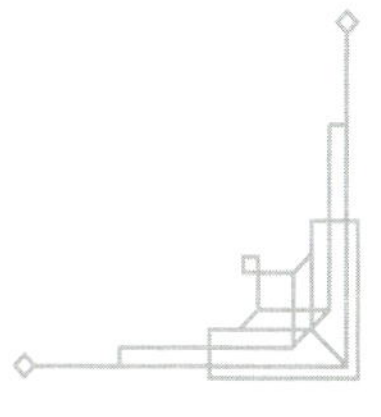

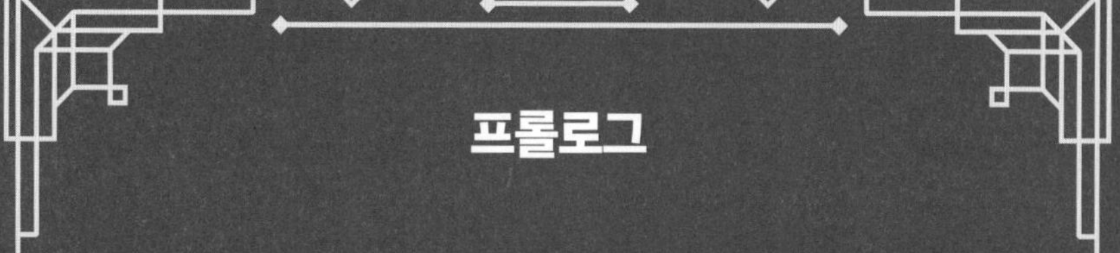



# 흙수저도
# 강남에 입성하는
# 유일한 공식,
# 4X4 사이클

# 부모 찬스 없는 당신에게, 4x4 사이클은 가장 강력한 무기다

'인생은 생각보다 길어'라는 말은 위로처럼 들리기도 하지만, 또 너무 흔한 이야기처럼 들리기도 한다. 그러나 지금 우리가 살아가는 시대에서 이 말은, 단순한 감상이 아니라 하나의 전략이 된다. 특히 부모의 도움 없이 스스로 삶을 만들어가야 하는 사람에게 이 문장은 삶의 방향을 바꾸는 현실적인 기준이 된다.

불과 100년 전만 해도 사람의 평균 수명은 지금보다 훨씬 짧았다. 40대는 이미 인생의 후반부로 여겨졌고, 그 나이에 새로운 선택을 한다는 것은 모험에 가까운 일이었다. 하지만 지금은 완전히 다르다. 의학 기술은 빠르게 발전했고, 평균 수명은 계속 늘어나고 있다. 100세 시대라는 말은 더 이상 먼 미래의 이야기가 아니다.

이 말은 결국 하나의 사실을 말해준다.

지금의 30대와 40대는, 인생의 끝이 아니라 본격적인 중반부에 들어선 시기라는 뜻이다. 아니, 어쩌면 아직도 출발선에 가까운 위치일지도 모른다. 지금의 선택 하나, 지금의 방향 설정 하나가 앞으로 50년, 60년의 삶을 완전히 바꿔놓을 수 있는 시대에 우리는 서 있다.

그래서 조용히, 그러나 분명하게 묻고 싶다.

만약 인생 전체의 일부분, 고작 16년이라는 시간을 투자해서 서울에 내 이름으로 된 아파트 한 채를 가질 수 있다면 당신은 도전해 볼 것인가.

그것도 부모의 도움 하나 없이, 소위 말하는 '흙수저'로 출발한 당신이 말이다.

많은 사람들이 이 질문 앞에서 고개를 젓는다. 이미 늦었다고 말한다.

서울 집값은 너무 올랐고, 부모의 지원이 없는 사람에게는 불가능한 영역이라고 말한다.

"그건 원래 있는 사람들이 하는 거지."
"나는 시작부터가 달라."
"지금부터 해서 언제 서울을 가…"

이런 말들을, 수도 없이 들어왔다.
그리고 그 말들이 왜 나오는지도 이해는 한다.
하지만 나는 절대 그렇게 생각하지 않는다. 그 이유는, 나 역시 그 출발선에 서 있었던 사람이기 때문이다. 나는 결혼을 하면서 집을 사기까지 무려 아홉 번이나 이사를 다녔다. 월세를 전전했고, 전세를 전전했다. 빨간 벽돌집에서 월세로 살던 시절도 있었다. 그때의 나는 대출이 너무 무서웠다. 은행에서 돈을 빌리면 큰일이 나는 줄 알았다. 언젠가 은행 직원이 집으로 찾아와 돈을 당장 갚으라고 할 것만 같았다.

그래서 기회를 눈앞에 두고도 뒤로 물러난 적이 많았다. 하지만, 그 선택들이 나를 결국 더 먼 길로 돌아가게 만들었다. 월세로 살다 보니 집값은 계속 올랐다. 전세로 옮기면 또 집값이 올라 있었다. 나는 계속 돈을 내고 있었는데, 집주인은 계속 돈을 벌고 있었다.

그때 깨달았다.

'이렇게 살다가는 평생 집주인이 될 수 없겠다'는 걸.

그 이후로 수많은 시행착오를 겪었다. 잘못된 선택도 했고, 돌아가는 길도 많이 걸었다. 하지만 그 경험들이 결국 나를 지금의 자리까지 끌어올렸다.

지금의 나는 16만 명이 넘는 구독자와 함께 하는 부동산 유튜버가 되었고,

1,000회가 넘는 임장을 다니며 현장을 직접 확인해왔다.

그리고 월요일부터 목요일까지 라이브 방송을 하며 무료로 부동산 상담을 이어오고 있으며, 서울시 모범납세자 2번, 경기도 성실납세자로 1번 선정되기도 했다.


빨간 벽돌집 월세에서 시작했던 내가, 시행착오를 거쳐 지금은 서울 상급지 대형 평형 아파트에 살고 있다. 나는 특별한 사람이 아니었다. 다만 시간을 버리지 않았고, 선택을 포기하지 않았을 뿐이다.

기존에 이미 『집살라고?』와 『토지투자시크릿』 두 권의 책을 통해 많은 이야기를 나눴지만 이번 책은 조금 다르다. 이 책은

내가 겪었던 시행착오를 당신은 겪지 않도록 만들기 위해 쓴 책이다. 돌아가는 길이 아니라, 사다리를 제대로 타고 올라가는 방법. 그 핵심이 바로 '4×4 사이클'이다. 우리에게는 하나의 무기가 있다. 누구에게나 똑같이 주어졌지만, 대부분의 사람들이 제대로 사용하지 않는 무기. 바로 시간이다.

많은 사람들이 출발선의 차이를 이야기한다.

누군가는 부모에게 서울 아파트를 물려받는다.

누군가는 결혼할 때 수억 원을 지원받는다.

반면 누군가는 전셋집 보증금을 스스로 모아야 한다.

누군가는 학자금 대출을 갚느라 사회생활을 시작한다.

누군가는 결혼을 하면서도 집이 아니라 빚부터 안고 출발한다.

이건 부정할 수 없는 현실이다. 맞다. 인생은 원래 불공평하다.

하지만 그 불공평한 세상에서도 단 하나만큼은 누구에게나 공평하게 주어진다.

바로 시간이다. 금수저에게도 하루는 24시간이다. 흙수저에게도 하루는 24시간이다.

그리고 지금 이 책을 펼친 당신에게는, 아직 16년이라는 시간이 남아 있다.

이 시간은 핑계가 아니라 기회다. 이 시간은 막연한 기다림이 아니라 전략이 될 수 있다.

이 시간은 누군가에게는 그냥 흘러가는 세월이지만, 누군가에게는 인생을 바꾸는 무기가 된다.

문제는 대부분의 사람이 이 '16년'이라는 무기를 들고만 있다는 데 있다. 어떻게 써야 하는지도 모른 채 그냥 시간을 흘려보낸다.

그래서 이 책은 16년을 한 덩어리로 보지 않는다. 4년씩, 네 번으로 나눈다. 4년은 길지 않다. 회사에서 한 번 승진을 준비하는 시간이다. 직장을 옮기고 연봉이 한 단계 올라가는 시간이다. 인생의 방향을 바꾸기에는 충분히 의미 있는 시간이다.

이 4년을 한 번 제대로 보내고, 그다음 4년을 또 한 번 제대로 선택하고, 그렇게 네 번의 선택을 반복하면 결과는 생각보다 분명해진다. 이것이, 이 책에서 말하는 4×4 사이클이다.

한 번에 인생이 뒤집히는 기적을 말하는 것이 아니다. 네 번의 합리적인 선택, 네 번의 현실적인 점프, 그리고 그 점프들이 이어져 만들어내는 변화.

마포, 용산, 성동, 송파, 여의도, 강남. 이곳에 사는 사람들이 전부 처음부터 그곳에 살던 사람들이었을까. 물론 그런 사람들도 있다. 하지만 생각보다 많은 사람이 시간을 아군으로 만들어 한 단계씩 올라가면서 도착한 사람들이다.

서울 중상급지의 아파트는 어느 날 갑자기 누군가에게 떨어진 선물이 아니다. 시간을 버티고, 선택을 반복하고, 기회를 놓치지 않은 사람들의 결과다. 이 책은 허황된 이야기를 하지 않는다. 로또처럼 한 방에 인생이 바뀐다는 이야기를 하지 않는다. 무작정 대출을 끌어 쓰라고 부추기지도 않는다.

대신 지금 내 위치에서 할 수 있는 선택, 다음 단계로 넘어가기 위한 선택, 그리고 그 선택들이 어떻게 이어지는지를 말한다. 벽돌을 하나씩 쌓듯이, 작은 선택을 반복하다 보면 어느 순간 하나의 결과물이 만들어진다. 그게 바로 서울 중심부의 아파트 한 채라는 결과다. 나는 그 길을 돌아서 왔다. 그래서 안다. 어디에서 사람들이 멈추는지, 어디에서 기회를 놓치는지, 어디에서 두려움 때문에 뒤로 물러나는지.

이 책은 그 지점들을 하나씩 짚어줄 것이다.

나처럼 아홉 번이나 이사하지 않아도 되도록, 나처럼 대출을 괜히 두려워하지 않도록, 나처럼 돌아가는 길을 걷지 않도록. 이 책을 읽고 나면 당신은 훨씬 빠르게 사다리를 오를 수 있을 것이다.

서울 아파트는 꿈이 아니라, 시간을 어떻게 쓰느냐에 따라 만들어지는 결과다.

이제, 그 16년을 이 책과 함께 차근차근 설계해보자.

# 왜 4년인가?

매매 타이밍은 감각이 아니라, 제도와 자금과 사이클의 문제다.

"네 번의 이사로 서울 상급지 아파트를 사자."

이 말까지는 많은 사람들이 고개를 끄덕인다. 충분히 공감이 간다. 실제로 주변을 보면 이사를 몇 번 반복하면서 자산의 위치를 끌어올린 사람들을 어렵지 않게 발견할 수 있기 때문이다. 그런데 바로 다음 질문이 따라온다.

왜 하필 4년일까. 2년도 아니고, 3년도 아니고, 5년도 아닌 이유는 무엇일까.

이 책에서 말하는 '4년'이라는 시간은 감정적으로 만들어낸 숫자가 아니다. 희망을 끼워 맞추기 위해 억지로 정한 기간도 아니다. 현실 속에서 실제로 작동하는 제도, 자금의 흐름, 그리고 부동산 시장의 사이클이 겹치는 최소 단위가 바로 4년이기 때문이다. 이 숫자는 누군가의 직감에서 나온 것이 아니라, 수많은 사람들의 이동 경로와 제도적 환경을 들여다보며 자연스럽게 드러난 결과에 가깝다.

먼저 제도부터 보자. 투자를 목적으로 집을 사서 세를 놓게 되면 임차인은 기본적으로 2년을 거주할 수 있다. 그리고 계약갱신요구권을 행사하면 추가로 2년을 더 살 수 있다. 즉 하나의 임대차 사이클이 4년으로 완성된다. 이 4년 동안 집주인은 임차인을 쉽게 내보낼 수 없고, 매도를 하더라도 실거주 목적이 아니라면 여러 가지 제약을 받게 된다.

이 말은 곧, 투자든 실거주든 자연스럽게 4년이라는 시간을 기준으로 계획을 세워야 한다는 뜻이 된다. 누군가에게는 답답하게 느껴질 수도 있지만, 계획을 세우는 사람에게는 오히려 시간을 벌어주는 장치가 된다. 이 4년은, 단순히 지나가는 시간이 아니라 다음 점프를 준비할 수 있는 숨 고르기 구간이 된다. 시장을 지켜보고, 돈을 모으고, 다음 지역을 공부하고, 매도 타이밍을 기다리는 시간으로 활용할 수 있기 때문이다.

그렇다면 실거주일 때는 어떨까? 세를 놓지 않고 내가 직접 살고 있다면 왜 또 4년이 필요한 것일까? 이유는 단순하다. 상급지로 점프하려면 준비할 시간이 필요하기 때문이다.

이 책에서 말하는 상급지는 단순히 조금 더 살기 좋은 동네를 의미하지 않는다. 가격이 명확히 다른 곳, 즉 자산의 판 자체가 달라지는 지역을 의미한다. 보통 상급지는 현재 내가 가진 집의 1.5배에서 2배 가격대다. 이 정도의 격차를 뛰어넘으려면 단순히 이사만으로는 부족하다.

자본이 쌓여야 하고, 연봉이 올라야 하고, 대출력이 커져야 한다.

이 세 가지가 동시에 작동해야 비로소 다음 단계로 넘어갈 수 있다. 그리고 이 세 가지가 현실적으로 변화하는 데 걸리는 최소 시간이 바로 4년 정도다. 회사에서 한 번 승진하고, 연봉이 올라가고, 신용도가 쌓이고, 종잣돈이 눈에 띄게 불어나는 시간. 이 모든 변화가 모여야 '점프'가 가능해진다.

많은 사람이 여기서 한 가지 실수를 한다. 분명 이사를 하긴 했다. 집도 바뀌었다. 그런데 자산은 거의 늘지 않은 경우다. 집이 조금 넓어졌고, 학교가 가까워졌고, 마트가 가까워졌다는 이유로 스스로를 설득한다. '그래도 상급지로 왔다'고 말이다.

하지만 착각은 착각일 뿐이다. 가격은 거짓말을 하지 않는다.

3억 원짜리 집에서 3억 5천만 원짜리 집으로 이동하는 것은 이동일 뿐 점프가 아니다.

10억 원짜리 집에서 11억 원짜리 집으로 가는 것도 마찬가지다.

삶은 조금 편해질 수 있다. 생활은 조금 나아질 수 있다. 하지만 자산의 판은 바뀌지 않는다. 이 책은 바로 그 지점을 경고하는 책이다. 옆그레이드를 반복하다 보면 이사는 여러 번 했는데 인생은 제자리인 상황이 만들어진다.

업그레이드는 숫자가 말해준다.

3억 원짜리 집을 가지고 있었다면 다음 집은 최소 5억 원 이상이어야 의미가 있다.

10억 원짜리 집을 가지고 있었다면 다음 집은 15억 원에서 20억 원 사이로 넘어가야 한다.

그 정도는 돼야 자산의 레벨이 달라진다.

현실에서 자산이 점프하는 경로는 대략 이런 흐름을 가진다.

3억 원에서 시작해 7억 원으로 올라가고,

7억 원에서 15억 원으로, 그리고 20억 원대로 진입한다.

이건 과장이 아니다. 실제 서울 아파트 시장에서 수많은 사람이 밟아온 경로다. 다만 중요한 사실 하나가 있다. 이 점프는 한 번에 일어나지 않는다. 각 점프 사이에는 반드시 준비 기간이 필요하다. 그리고 그 준비 기간이 평균적으로 4년 안팎이다.

그렇다면 이 4년 동안 무엇을 해야 할까.

많은 사람들이 이 시간을 그냥 기다리는 시간으로 생각한다. 하지만, 이 책에서 말하는 4년은 기다리는 시간이 아니다. 의도적으로 써야 하는 시간이고, 계획적으로 밀어붙여야 하는 시간이다.

이 4년 동안 해야 할 일은 분명하다.

첫째, 저축을 극단적으로 늘려야 한다.
소비 습관이 바뀌지 않으면 점프는 일어나지 않는다. 작은 소비 하나하나가 결국 몇천만 원의 차이를 만든다.

둘째, 연봉을 올려야 한다.
직급이 올라가고 연봉이 오르면 대출력도 함께 커진다. 자산은 단순히 현금만으로 움직이지 않는다. 레버리지가 함께 움직일 때 판이 바뀐다.

셋째, 기존 집을 잘 팔아야 한다.
많은 사람들이 싸게 사는 것에만 집중하지만, 실제로는 잘 파는 것이 더 중요하다. 매도 타이밍 하나가 몇억 원의 차이를 만들기도 한다.

넷째, 다음 집을 싸게 사야 한다.
하락장, 입주 물량이 몰리는 시기, 시장의 공포가 커지는 순간을 활용해야 한다.

이 네 가지가 동시에 돌아갈 때 자산은 점프한다.

　지역의 이동도 사다리처럼 올라간다. 단번에 강남을 노리는 것이 아니다. 예를 들어 산본에 살고 있다면 다음은 평촌을 노릴 수 있고, 평촌 다음은 상도동, 그다음은 마포로 이어지는 식이다. 이 사다리를 머릿속으로만 그리는 것이 아니라 4×4 사이클을 시작할 때부터 구체적으로 설정해야 한다. 막연히 '언젠가는'이 아니라 '다음은 어디'라고 정해두는 것이다. 방향이 정해져야 준비도 구체적으로 이루어진다.

　부동산 시장의 리듬도 4년이라는 숫자를 뒷받침한다. 서울 부동산은 대체로 4~5년 상승하고, 1~2년 조정받는 사이클을 반복해왔다. 물론 모든 지역이 똑같지는 않다. 입주 물량이 많은 지역은 하락이 더 길고 깊게 나타나기도 한다. 그래서 전략은 분명해진다. 입주 물량이 몰리는 지역의 하락 구간에 매수하고, 상승 국면이 시작될 때 매도하는 것이다. 집을 살 때부터 4년 후 어느 지역이 입주 물량에 의해 가격이 눌릴지까지 함께 체크해야 하는 이유다.

　숫자로도 한 번 생각해보자.

맞벌이 부부가 4년 동안 3억 원을 모으려면 월평균 약 620만 원을 저축해야 한다. 쉽지 않다. 하지만 불가능한 숫자도 아니다. 그리고 시간이 흐르면 사람의 위치는 바뀐다. 사원은 과장이 되고, 과장은 부장이 된다. 연봉이 오르면 저축액은 커지고 대출력도 함께 커진다.

다음 4년에는 3억 원이 아니라 5억 원, 6억 원을 모을 수도 있다. 이런 흐름이 반복되면 16년이라는 시간 동안 서울 상급지 20억 원대 아파트에 도달하는 그림이 현실적으로 만들어진다.

나이가 들수록 등기가 가진 힘은 더 크게 느껴진다. 젊을 때는 차, 옷, 여행이 더 중요해 보일 수 있다. 하지만 시간이 흐르면 사람을 평가하는 기준이 달라진다. 겉으로 보이는 화려함은 점점 사라지고, 남는 것은 등기사항증명서에 찍힌 이름의 무게다.

그 무게를 젊을 때부터 알고 움직인 사람과, 그저 시간이 흐르는 대로 살아온 사람의 차이는 중년 이후에 극명하게 드러난다. 같은 나이를 살아도 전혀 다른 위치에 서 있게 된다.

이 책이 말하는 4년은 시간을 낭비하라는 말이 아니다. 시간을 무기로 쓰라는 제안이다. 4년이라는 시간은 길지도, 짧지도 않다. 하지만 의도를 가지고 사용하면 인생의 방향을 바꾸기에는 충분한 시간이다. 계획 없이 흘려보내면 아무 일도 일어나지 않지만, 계획을 가지고 사용하면 자산이 한 단계씩 점프하는 시간이 된다.

지금부터 그 무게감을 알고 움직이자.

4년이라는 시간을 막연한 세월이 아니라, 인생을 끌어올리는 발판으로 쓰기 시작하는 순간부터 결과는 달라지기 시작한다.

# 이 책은 단순히
# 집을 사는 법이 아니라,
# 인생의 계급을 올리는
# 사다리 사용법이다

어쩔 수 없다. 인정하자. 대한민국은 부동산 공화국이다.

이 말이 불편하게 들릴 수도 있다. 지나치게 현실적이라고 느껴질 수도 있고, 이상적이지 않다고 생각할 수도 있다. 하지만 현실을 불편하다고 해서, 외면한다고 해서, 그 현실이 사라지지는 않는다. 이미 우리는 알고 있다.

"어디 사세요?"

이 질문이 단순한 안부 인사가 아니라는 것을.
어느 동네에 사는지, 자가인지 전세인지, 아파트인지 빌라인지. 이 모든 정보는 말하지 않아도 그 사람의 사회적 위치와 삶의 방향을 설명해준다.

한국에서 집은 단순한 주거 공간이 아니다. 그것은 그 사람이 살아온 시간의 결과이자, 앞으로 살아갈 선택지의 폭을 보여주는 하나의 상징이다. 어디에 사는지가 곧 어떤 삶을 살아왔는지를 보여주고, 앞으로 어떤 삶을 살게 될지를 짐작하게 만든다.

"나 어디 살아."

이 한 문장은 대한민국에서는 단순한 정보 전달이 아니다. 이미 하나의 신분이 된다. 같은 직장을 다니고, 같은 나이를 살아도 사는 동네가 다르면 삶의 표정이 달라진다. 선택하는 식당이 달라지고, 만나는 사람이 달라지고, 아이가 자라는 환경이 달라진다. 삶의 반경이 달라지고, 생각의 크기도 달라진다.

"나 자가야."라는 말은 설명할 수 없는 자신감을 만들어낸다. 말하지 않아도 느껴지는 안정감이 있다. 그리고 "우리 집 얼마 올랐어."라는 말은 삶을 계속 앞으로 끌고 가는 원동력이 된다. 집값이 오르는 경험은 단순한 숫자의 변화가 아니다. 그것은 '나는 잘 가고 있다'는 확신을 만들어낸다. 그 확신은 사람을 바꾼다. 표정을 바꾸고, 선택을 바꾸고, 태도를 바꾼다. 그리고 그 변화는 다시 다음 선택을 더 크게, 더 과감하게 만들게 한다.

이게 불편한 사람도 있을 것이고, 부정하고 싶은 사람도 있을 것이다. 그래도 괜찮다. 부정은 자유다. 하지만 현실은 바뀌지 않는다. 현실은 이미 그렇게 작동하고 있다. 이 구조를 인정하는 순간부터 비로소 움직일 수 있다.

인생의 계급을 올리고 싶은 욕구는 특별한 사람이 가진 욕망이 아니다. 사람이라면 누구나 갖고 있는 자연스러운 본능이다. 지금보다 나은 삶을 원하고, 지금보다 조금 더 안정된 환경을 원하고, 지금보다 선택지가 많은 삶을 살고 싶어 한다. 조금 더 존중받는 삶을 살고 싶어 하는 것도 너무나 자연스러운 감정이다. 이건 욕심이 아니다. 인간이라면 누구나 갖는 기본적인 방향성이다. 문제는 욕구가 아니라 방법이다.

대부분의 사람은 그 욕구를 어떻게 현실로 만들어야 하는

지 모른다. 그래서 막연하게 열심히 산다. 막연하게 저축하고, 막연하게 참고, 막연하게 언젠가를 기다린다. 그렇게 몇 년이 지나고, 또 몇 년이 흐른다. 그러다 어느 순간 깨닫는다. 열심히 산 것과 계급이 올라간 것은 전혀 다른 문제였다는 것을.

열심히 사는 사람은 정말 많다.
하지만 방향을 알고 움직이는 사람은 많지 않다.

이 차이가 10년, 20년이 지나면 엄청난 격차로 벌어진다. 누군가는 같은 자리에서 여전히 월급을 모으며 살고 있고, 누군가는 집 한 채를 발판 삼아 삶의 위치를 완전히 바꿔 놓는다. 이 차이는 능력의 차이가 아니라, 방향의 차이다.

인생은 평지에서 달리는 것이 아니다. 이미 누군가는 위에 올라가 있고, 누군가는 아직 바닥에 서 있다. 그 사이를 연결해주는 것이 바로 사다리다. 이 책은 그 사다리를 구체적으로 보여준다. 그 사다리의 이름이 바로 4×4 사이클이다.

이 책에서 말하는 계획은 초인이 되어야 가능한 이야기가 아니다. 특별한 재능이 있어야 가능한 전략도 아니다. 누구나 할 수 있다. 다만 방향을 알고, 시간을 아군으로 만들고, 흔들리지 않고 반복하는 것. 이 세 가지만 지켜내면 된다.

이 세 가지는 특별한 능력이 아니라 태도의 문제다. 그리고 태도는 누구나 선택할 수 있다.

인생은 생각보다 짧다. 그리고 동시에 생각보다 길다.

16년이라는 시간은 뒤돌아보면 눈 두 번 깜빡이는 사이에 지나간다. 16년 전, 당신은 무엇을 하고 있었는가. 그 시간을 떠올려보면 놀랄 만큼 선명하게 기억나는 순간도 있고, 반대로 아무 기억도 남지 않은 채 흘려보낸 시간도 있을 것이다.

그 시간이 어떻게 지나갔는지 생각해보면, 앞으로의 16년도 그렇게 흘러갈 수 있다는 사실을 깨닫게 된다. 그냥 흘려보내면 아무 일도 일어나지 않는다. 하지만 의도를 가지고 보내면 전혀 다른 결과가 만들어진다.

이제 선택해야 한다.
지나간 16년을 후회로 기억할 것인지,

앞으로의 16년을 기대로 채울 것인지.

이제 진짜 시작이다.

첫 번째 4년을 저자와 함께 계획해보자. 지금 가진 자산, 지금 사는 지역, 지금 가능한 선택지를 하나씩 정리해보자. 어디에서 출발하든 상관없다. 중요한 건 방향이다. 이 책의 뒤쪽에서 그 방법을 하나도 빠짐없이 설명할 것이다. 어떻게 시작해야 하는지, 어떤 순서로 움직여야 하는지, 어디에서 갈아타야 하는지까지 구체적으로 보여줄 것이다.

그리고 언젠가 당신이 서울 상급지 아파트를 사는 날이 올 것이다.

그만큼 나는 이 길이 가능하다는 것을 확신하고 있다. 특별한 사람만 할 수 있는 길이 아니라는 것도 알고 있다. 이미 많은 사람들이 그렇게 올라왔고, 지금 이 글을 읽고 있는 당신도 충분히 그 길 위에 설 수 있다.

이제 진짜 시작이다.
지금 이 순간, 사다리의 첫 번째 발판에 발을 올려놓는 순간부터 당신의 인생은 이미 움직이기 시작했다.

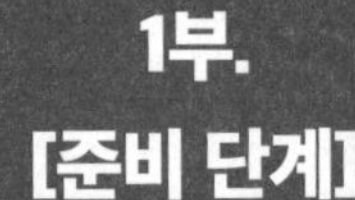



# 사다리 앞에 서기 전, 반드시 갖춰야 할 것들

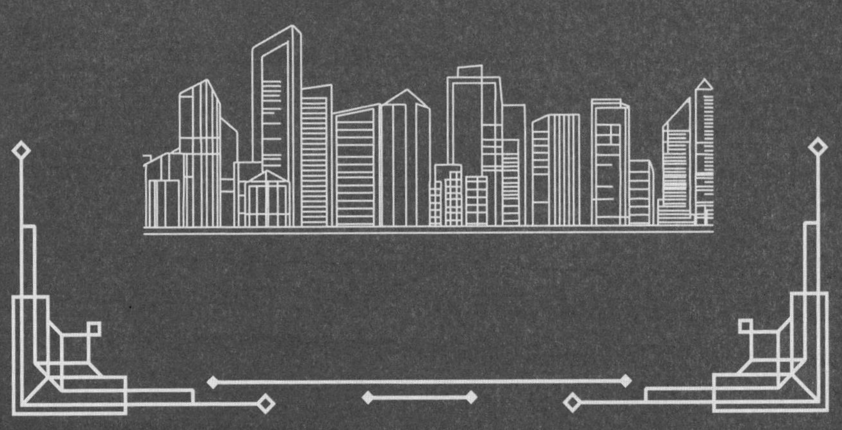

# 20대~30대,<br>첫 번째 등기를 칠 결심 :<br>차 대신 집을 먼저 산다

어쩔 수 없다.

이 말로 시작하는 게 맞다. 인정하고 들어가야 한다. 우리는 이상적인 세상에 살고 있는 것이 아니라, 현실 속에서 살아가고 있기 때문이다. 그리고 이 현실은 생각보다 냉정하다.

대한민국은 결국 사다리를 타고 올라가야 하는 사회다. 누군가는 이미 높은 곳에서 출발하고, 누군가는 땅바닥에서 시작한다. 누군가는 부모의 도움으로 몇 칸 위에서 시작하고, 누군가는 아무것도 없는 상태에서 첫 발을 내딛는다.

불공평하냐고 묻는다면, 맞다. 불공평하다.

하지만 중요한 건 그게 아니다. 더 중요한 건, 그 사다리에 올라타느냐 못 올라타느냐다.

사다리 아래에서 "언젠가는 올라가야지"라고 말만 하다가 몇 년을 보내는 사람이 있다. 반면 어떤 사람은 조금 무리해서라도, 조금 불편하더라도, 어떻게든 첫 발을 올려놓는다. 그리고 시간이 흐르면 흐를수록 그 차이는 점점 더 크게 벌어진다.

처음에는 차이가 작다. 한 칸 정도 차이 난다. 그런데 10년이 지나면 세 칸, 다섯 칸, 열 칸으로 벌어진다. 같은 월급을 받아도 삶의 속도가 달라지고, 같은 노력을 해도 결과가 달라진다. 사다리에 올라선 사람은 시간이 지날수록 위로 끌려 올라가지만, 사다리 아래에 남아 있는 사람은 아무리 열심히 달려도 제자리에서 헛바퀴를 돌기 쉽다.

그래서 나는 사회초년생과 신혼부부에게 늘 같은 이야기를 한다.

**첫 등기를 얼마나 빨리 하느냐에 목숨을 걸어라.**

이 말은 과장이 아니다. 정말로 그 정도로 중요하다.

첫 번째 등기, 내 이름으로 된 첫 번째 집은 단순히 '집 한 채'가 아니다. 인생의 흐름이 바뀌는 지점이다. 그전까지는 월급을 받아서 소비하고, 남으면 조금 모으고, 다시 소비하는 삶이다. 그러나 첫 등기를 하는 순간부터는 상황이 달라진다. 자산이 생기고, 그 자산이 움직이고, 시간이 흐르면서 나 대신 일을 하기 시작한다.

그게 부동산이다. 그리고 내가 말하는 4×4 사이클도 결국 여기서 시작된다. 4년에 한 번씩 기회가 오고, 그 기회를 잡아서 한 단계씩 올라가야 한다. 그런데 사다리에 아예 올라타지 못한 사람은 그 기회 자체를 잡을 수가 없다. 기회는 '관심 있는 사람'에게 오는 게 아니라 '판 위에 올라선 사람'에게 먼저 온다.

첫 등기를 한 사람은 다음 기회를 준비할 수 있다. 첫 등기를 못 한 사람은 계속 출발선에 서 있다. 그래서 첫 등기가 중요하다. 그리고 그래서 첫 등기를 방해하는 모든 것들을 뒤로 미뤄야 한다.

명품, 고급 레스토랑, 해외여행, 자동차.

이 네 가지는 사회초년생에게 가장 달콤한 유혹이자, 가장 치명적인 소비다. 특히 자동차는 더 위험하다.

차를 사는 순간, 사람은 어른이 된 것 같은 기분이 든다. 출퇴근도 편해지고, 주말에 어디든 갈 수 있고, 비 오는 날에도 걱정이 없다. 그 편리함은 분명 매력적이다. 그런데 그 편리함의 대가는 생각보다 크다.

차를 사는 순간부터 감가가 시작된다. 오늘 계약하고 내일 출고를 받으면, 이미 가격은 떨어져 있다. 그리고 매달 할부금이 나가기 시작한다. 기름값, 보험료, 세금, 주차비. 보이지 않는 돈들이 계속 빠져나간다. 차는 '사는 순간 끝'이 아니라, '산 순간부터 시작'이다. 유지비는 매달 고정지출이 되어 내 삶의 속도를 묶어버린다.

그 돈이 매달 50만 원, 70만 원, 100만 원씩 나간다고 생각해보자. 그 돈이 모이면 1년에 600만 원, 1,000만 원이다. 3년이면 3,000만 원이다. 3,000만 원은 사회초년생에게 그냥 숫자가 아니다. 첫 등기가 1년은 빨라질 수 있는 금액이다. 첫 등기가 빨라지면, 그 뒤의 인생도 같이 당겨진다.


그래서 나는 단호하게 말한다. 첫 등기 전까지는 차를 사지 마라.

차가 없어서 친구들에게 창피하다면, 그 친구들을 끊어라.

이 말이 너무 강하게 들릴 수도 있다. 하지만 생각해보자. 차가 없다고 사람을 무시하는 관계라면, 그 관계는 어차피 오래 가지 않는다. 그리고 그런 관계를 유지하기 위해 내 미래를 희생할 필요는 없다. 좋은 관계는 내 현재의 소비 수준이 아니라, 내 방향을 존중해주는 관계다.

명품도 마찬가지다. 명품 가방 하나, 시계 하나, 옷 한 벌. 몇백만 원이 순식간에 사라진다. 그걸 들고 나갔을 때는 기분이 좋다. 사진도 찍고, 사람들의 시선도 느껴진다. 하지만 그 기분은 오래 가지 않는다. 한 달이 지나면 익숙해지고, 두 달이 지나면 아무 느낌도 없다. 그때 남는 건 가방이 아니라, 비어 있는 통장이다. 그리고 그 돈은 다시 돌아오지 않는다.

반대로 그 돈을 통장에 넣어두면 시간이 갈수록 힘을 갖는다. 통장에 있는 돈은 단지 숫자가 아니다. 다음 선택을 가능하게 해주는 실탄이다. 그 돈이 쌓이고 쌓여서 결국 계약서 위에 찍히는 도장이 된다. 그 도장 하나가 인생을 바꾼다.

고급 레스토랑도 그렇다. 가끔은 가도 된다. 기념일에 한 번쯤은 괜찮다. 하지만 습관처럼 가는 건 위험하다. 맛있는 음식을 먹고, 사진을 찍고, SNS에 올리고, 돌아오는 길에 카드

알림이 뜬다. 그 순간 느끼는 허탈함이 있다. '이 돈이면 통장에 뭐가 달라졌을까' 하는 생각이 들기 시작한다. 그 생각이 드는 순간부터는 이제 소비를 즐기는 게 아니라 소비에 끌려다니는 상태가 된다.

해외여행도 마찬가지다. 세상은 넓고, 볼 것은 많다. 맞다. 하지만 순서가 있다. 여행은 첫 등기를 하고 나서 가도 늦지 않다.

집을 사고 떠나는 여행은 느낌이 다르다. 돌아갈 내 집이 있다는 안정감, 그건 말로 설명하기 어려운 감정이다. 여행지에서 찍는 사진도 달라진다. 단지 '놀러 왔다'가 아니라 '내 삶이 정리된 상태에서 쉬러 왔다'는 표정이 된다.

정말 여행이 가고 싶다면, 이렇게 생각해도 좋다. 지금은 구글 로드뷰로 보는 여행도 괜찮다. 웃자고 하는 말 같지만, 그만큼 지금은 참고 버티는 시간이 필요하다는 뜻이다.

결국 핵심은 하나다.

첫 등기 전까지는, 모든 소비를 뒤로 미뤄라.

사회초년생은 자금에 한계가 있다. 그래서 볼 수 있는 지역도 제한적이고, 선택할 수 있는 집의 범위도 좁다. 이걸 인정해야 한다. 처음부터 완벽한 집을 찾으면, 아무것도 못 하고 시간이 지나간다. 처음부터 강남을 보려고 하면, 시작도 못 한다. 그래서 목표를 단순하게 잡아야 한다. 일단 1억 원을 모은다.

이게 첫 번째 목표다. 1억 원이라는 돈은 누군가에게는 적은 돈처럼 보일 수도 있다. 하지만 사회초년생에게는 인생의 방향을 바꾸는 돈이다. 이 1억 원이 있어야 대출을 일으킬 수 있고, 대출을 일으켜야 집을 살 수 있고, 집을 사야 다음 단계로 갈 수 있다. 그래서 나는 말한다.

'첫 1억 원을 모으는 것에 목숨을 걸어라.'

월급이 들어오면 먼저 저축부터 해라. 남는 돈을 모으는 게 아니라, 모을 돈을 먼저 빼고 살아야 한다. 소비는 습관이고, 저축도 습관이다. 처음에는 힘들다. 하지만 어느 순간부터는 익숙해진다. '돈이 남아서 저축한다'가 아니라 '저축하고 남은 돈으로 산다'로 구조를 바꿔야 한다.

커피 한 잔, 배달 한 번, 쇼핑 한 번. 작아 보이는 소비들이 쌓이면 생각보다 큰 차이가 된다. 특히 사회초년생 때의 소비는 단지 돈만 깎는 게 아니라, 생활의 기준선을 올려버린다. 기준선이 올라가면 나중에는 더 많이 벌어도 계속 부족하게 느낀다. 그러면 결국 평생 첫 등기를 못 치는 사람이 된다.

반대로 기준선을 낮추고 저축 습관을 만들면 그 돈이 모여서 종잣돈이 된다. 그 종잣돈이 모여서 첫 집이 된다. 그리고 첫 집이 생기면, 이후부터는 돈이 돈을 부르는 구조가 열린다.

인생은 길다. 지금은 남들보다 덜 쓰고, 덜 놀고, 덜 누리는 것처럼 보일 수도 있다. SNS를 보면 다들 잘 사는 것처럼 보인다. 여행 다니고, 좋은 차 타고, 맛있는 거 먹고. 하지만 그건 순간의 장면이다. 그 사람들의 10년 뒤 모습은 아무도 모른다. 그리고 중요한 건, 그 장면을 보고 흔들리는 순간 내 인생의 속도가 늦어진다는 사실이다.

나는 독자들이 이렇게 살았으면 좋겠다. 서울 상급지에 사는 미래의 나를 떠올리면서 버티는 것이다. 언젠가 그곳에 내 집이 있을 거라는 상상을 하면서 버티는 것이다. 지금의 절제가 미래의 자유를 만든다는 사실을 잊지 말아야 한다.

명품백은 없어도 된다. 자동차는 아이가 태어나고 정말 필요할 때 고민해도 늦지 않다. 고급 레스토랑은 집에서 만들어 먹어도 충분하다. 해외여행은 첫 등기 이후로 미뤄라. 지금은 전부 미뤄라. 그리고 오직 하나에 집중해라.

"첫 등기"

첫 번째 집을 갖는 순간, 인생이 달라지기 시작한다. 돈을 보는 눈이 달라지고, 기회를 보는 눈이 달라지고, 세상을 보는 시선이 달라진다. 소비가 '즐거움'이 아니라 '기회비용'으로 보이기 시작하고, 시간도 '흘러가는 것'이 아니라 '쌓이는 것'으로 보이기 시작한다.

그 집이 완벽하지 않아도 괜찮다. 작아도 괜찮다. 낡아도 괜찮다. 중요한 건 '내 이름으로 된 집'이라는 사실이다. 그 한 줄의 등기사항증명서가, 인생의 방향을 바꾼다.

속도보다 중요한 것은 방향이고, 방향보다 중요한 것은 출발이다.

첫 등기를 하는 순간, 당신은 이미 사다리에 올라선 것이다. 그리고 이제부터는 '사다리 위에서' 움직일 수 있게 된다. 그게 시작이다.

# 시드머니 5천만 원의 기적 : 저축과 레버리지

맞벌이 부부라면, 각자 시드머니 5천만 원을 만들어라.

이 문장은 단순히 "저축을 열심히 하라"는 조언이 아니다. 첫 등기를 치기 위한 '출발선'을 구체적으로 정하는 말이다. 각자 5천만 원, 합쳐서 1억 원. 이 1억 원이 만들어지는 순간부터 게임의 규칙이 바뀐다. 집을 바라보는 사람이 아니라, 집을 살 수 있는 사람이 되는 순간이기 때문이다. 부동산 시장에서 가장 큰 차이는 소득이 많고 적음이 아니다. 자산이 많고 적음도 아니다. 살 수 있는 위치에 있느냐 없느냐다. 그리고 그 경계선이 바로 1억 원이라는 시드다.

많은 사람들이 여기서 먼저 포기한다.

"요즘 시대에 1억 원으로 어떻게 집을 사냐"고 말한다.

맞는 말이다. 1억 원만 들고 서울 핵심지를 바로 사는 것은 어렵다. 하지만 우리는 처음부터 결승선을 노리는 것이 아니다. 첫 등기를 치는 것이 목표다. 내 이름으로 된 집을 한 번 가져보는 경험, 그 경험이 인생을 바꾼다. 집을 소유해 본 사람과 한 번도 가져보지 못한 사람은 이후의 선택지 자체가 달라지기 때문이다.

집을 가진 사람은 가격이 떨어지든 오르든 '판 위에 있는 사람'이다. 집이 없는 사람은 늘 바깥에서 시장을 바라보는 사람이다. 이 차이는 시간이 갈수록 크게 벌어진다. 그래서 첫 등기를 위한 시드 1억 원은 단순한 돈이 아니라, 게임에 참가할 수 있는 입장권이다.

그렇다면 현실적인 질문이 나온다. 도대체 5천만 원을 어떻게 모으라는 말인가.

이 부분에서 많은 사회초년생들이 막막함을 느낀다. 그래서 숫자로 한번 풀어보자.

요즘 평균적인 사회초년생 초봉을 보수적으로 잡으면 세전 연봉 3천만 원 후반에서 4천만 원 초반 정도다. 실수령 기준으로 보면 월 250만 원에서 300만 원 사이가 되는 경우가 많다. 물론 직종과 회사에 따라 차이는 크지만, 일반적인 출발선을 이 정도로 놓고 계산해보자.

여기서 핵심은 소비 습관이다.

월 300만 원을 받는 사람이 100만 원을 저축하면 1년에 1,200만 원을 모은다. 4년이면 약 4,800만 원이다. 사실상 5천만 원이다. 월 120만 원을 저축하면, 3년 반이면 5천만 원이 된다. 월급이 많아서 가능한 이야기가 아니다. 저축 비율의 문제다.

월 300만 원을 받는 사람이 200만 원을 저축하면 2년 반이면 6천만 원이 된다. 월 280만 원을 받는 사람이 130만 원을 저축하면 3년이면 4,680만 원, 3년 반이면 5,460만 원이다.

여기서 중요한 사실이 하나 있다. 사회초년생의 초봉은 시간이 지나면 거의 대부분 오른다. 2~3년 차가 되면 연봉이 오르고, 승진을 하거나 이직을 하면 소득이 더 올라간다. 그렇게 되면 저축 속도는 생각보다 빨라진다.


즉, 5천만 원이라는 돈은 절대적인 거액이 아니라 시간과 습관의 문제다.

그리고 맞벌이가 되는 순간 상황은 완전히 달라진다. 각자 월 120만 원씩만 저축해도 1년에 약 2,800만 원이 모인다. 2년이면 5천만 원이 훌쩍 넘는다. 3년이면 8천만 원이 넘는다. 이 속도는 생각보다 빠르다. 많은 사람들이 "돈이 안 모인다"고 말하지만, 실제로는 모으는 구조를 만들지 않았을 뿐이다. 그래서 이 책은 맞벌이 부부에게 이렇게 말한다.

"각자 5천만 원씩 만들어라."

이 말은 단순한 목표가 아니라 하나의 시스템이다. 둘이 함께 방향을 맞추고, 소비를 조절하고, 돈을 모으기 시작하면 생각보다 빠르게 자금이 만들어진다. 그리고 1억 원이라는 돈이 모이는 순간부터 대출이라는 도구를 사용할 수 있는 자격이 생긴다.

안 된다고 생각하는 순간 안 된다. 그러나 할 수 있다고 생각하는 순간 길이 보인다. 이건 단순한 마음가짐 이야기가 아니다. 구조의 문제다. 같은 연봉을 받아도 누구는 3년 만에 5천만 원을 만들고, 누구는 5년이 지나도 2천만 원을 못 모은다. 차이는 소득이 아니라 소비 구조다.

특히 자동차가 대표적인 함정이다. 차를 사는 순간 감가가 시작되고, 월 할부금이 고정비로 붙는다. 사회초년생 기준으로 월 50만 원만 빠져도 1년에 600만 원이다. 3년이면 1,800만 원이다. 이 돈이면 첫 시작을 위한 시드의 절반이다.

명품, 해외여행, 잦은 외식. 이 모든 것이 나쁜 것이 아니라 순서의 문제다. 첫 등기를 치고 나서 해도 늦지 않다. 지금 당장의 만족을 선택하면 첫 등기가 늦어지고, 첫 등기가 늦어지면 그 뒤의 모든 기회가 늦어진다. 시드 5천만 원은 단순한 돈이 아니라, 행동권이다.

계약금을 넣을 수 있고, 취득세를 낼 수 있고, 급매가 나왔을 때 잡을 수 있는 자격이다. 이 돈이 없는 사람은 좋은 기회를 눈앞에서 보고도 잡을 수가 없다. 기회는 늘 준비된 사람 앞에만 멈춘다.

여기에 대출이 붙기 시작한다. 직장인은 생각보다 많은 금융 수단을 사용할 수 있다. 대표적으로는 급여소득 기반 신용대출, 마이너스 통장 대출, 회사 복지자금 대출, 주택도시기금 디딤돌대출, 보금자리론, 신혼부부·생애최초 정책대출 등이 있다.

이런 대출들은 개인의 소득, 신용점수, 부채 상황에 따라 한도가 달라지지만, 직장에 안정적으로 붙어 있는 사람일수록 유리하다. 월급이 곧 신용이기 때문이다. 그래서 직장을 절대 가볍게 보면 안 된다. 월급은 단순한 생활비가 아니라 '대출 자격'이다. 신용은 하루아침에 생기지 않는다. 꾸준히 쌓이는 것이다.

신용카드를 연체 없이 쓰고, 통장을 안정적으로 관리하고, 직장을 꾸준히 다니는 것. 이 모든 것이 결국 대출력으로 이어진다. 그리고 대출력은 자산을 움직이는 힘이 된다.

1억 원의 시드가 만들어지면, 여기에 정책자금과 신용대출을 얹어 1억 원 중반까지 자금을 만드는 것이 가능해진다. 그 순간 선택지가 확 넓어진다. 입지가 한 단계 올라간다. 처음에는 보이지 않던 지역이 보이기 시작하고, 생각하지 못했던 매물들이 눈에 들어오기 시작한다.

대출 상담은 반드시 여러 곳에서 받아야 한다. 부동산 사장님이 소개해 준 상담사를 만나도 되고, 직접 은행을 돌아다녀도 된다. 은행을 내 집처럼 드나들어야 한다. 부끄러워할 필요 없다. 그게 공부다. 상담을 많이 받아볼수록 숫자가 눈에 들어오기 시작한다.

회사에서 직원 대상으로 저금리 이자 대출을 해주는 경우도 있다. 주택자금, 생활안정자금, 사내근로복지기금 같은 것들이다. 이런 제도가 있다면 적극 활용해야 한다. 이건 특혜가 아니라 복지다. 알고 쓰는 사람과 모르는 사람의 격차는 생각보다 크다.

20대에 시드 1억 원과 대출을 활용하면 생각보다 좋은 입지에 첫 등기를 칠 수 있다. 그리고 이건 단순한 매수가 아니라 인생의 방향을 바꾸는 사건이 된다.

남들은 전세를 전전하고 있을 때, 나는 자산이 움직이기 시작한다. 남들은 월세를 내고 있을 때, 나는 원금을 갚기 시작한다. 시간이 흐를수록 격차는 점점 벌어진다.

그래서 나는 이걸 기적이라고 부른다.

특별한 재능이 필요한 것도 아니고, 특별한 집안이 필요한 것도 아니다. 월급을 받고, 소비를 줄이고, 시간을 쓰고, 대출을 도구로 쓰는 것. 이 네 가지가 겹치는 순간 평범한 사람이 평범하지 않은 결과를 만들기 시작한다.

5천만 원은 인생을 바꾸기엔 작아 보이는 돈이다. 하지만 그 5천이 모이는 순간, 당신은 더 이상 같은 위치에 서 있지 않다. 그 순간부터 첫 등기를 향한 문이 열린다. 그리고 그 문을 통과하는 사람만이 다음 단계로 올라갈 수 있다.

# 반복해서 돌아오는
# 상승 사이클을 읽는 눈

집값이 오르는 상승장을 처음 경험하면 대부분 비슷한 착각을 하게 된다.

이 상승이 계속될 것 같고, 지금 안 사면 영원히 못 살 것 같고, 더 늦으면 끝날 것 같다는 불안이 밀려온다. 주변에서는 "또 올랐다"는 이야기가 끊임없이 들리고, 뉴스에서는 연일 신고가 소식이 쏟아진다. 그러다 보면 상승이 영원할 것처럼 느껴지기 시작한다.

하지만 시장에는 분명히 사이클이 있다. 올라가기만 하는 시장은 존재하지 않는다.

부동산은 생각보다 단순한 흐름을 반복한다. 길게 보면 상승과 하락을 반복하고, 짧게 보면 숨 고르기를 한다. 체감으로 표현하면, 다섯 번 오르면 두 번은 쉬어가는 흐름이다. 이 쉬어가는 구간이 바로 기회다.

많은 사람들이 상승장만 기회라고 생각한다. 가격이 오를 때 사야 돈을 버는 것 같기 때문이다. 하지만 실제로 돈을 크게 번 사람들을 보면 공통점이 있다. 상승장에 산 사람이 아니라, 하락장이나 횡보장에서 미리 들어간 사람들이다.

상승장에서는 모두가 사고 싶어 한다. 가격도 비싸고 경쟁도 치열하다. 조금만 좋은 매물이 나오면 바로 팔리고, 호가도 계속 올라간다. 계약서를 쓰기도 전에 가격이 바뀌는 경우도 흔하다. 이런 시장에서는 협상이 없다. 선택권은 매도자에게 있다.

반대로 하락장에서는 매수자가 줄어든다. 시장이 조용해지고, 집을 보러 오는 사람도 적어진다. 이때 급하게 팔아야 하는 사람들의 매물이 하나씩 나오기 시작한다. 그때 협상이 가능해진다.

이 사이클을 이해하는 사람과 이해하지 못하는 사람의 차이는 시간이 지날수록 크게 벌어진다. 상승장에만 쫓아다니는 사람은 늘 비싸게 사고, 하락장에 겁을 먹고 팔아버린다.

그렇게 몇 번 반복하다 보면 제자리걸음이 된다.

반대로 사이클을 이해하는 사람은 조용한 시기에 급급매를 찾아서 매수하고, 시장이 올라갈 때는 여유 있게 매도한다. 그리고 하락장이 시작되면 상급지로 갈아탄다.

그 원리는 단순하다.

하락장 때는 내 집과 상급지의 가격 차이가 줄어들기 때문이다.

상승장에서는 격차가 벌어진다. 내가 가진 집은 1억 원이 오르는데 상급지는 2억 원, 3억 원씩 오른다. 그러면 따라잡기가 더 어려워진다. 하지만 하락장에서는 상황이 달라진다. 구축이나 중급지의 하락폭은 상대적으로 작고, 상급지는 가격이 비싸기 때문에 절대금액으로 더 크게 떨어지는 경우가 많다.

예를 들어 10억 원짜리 집이 20% 떨어지면 2억 원이 빠진다. 이때가 점프할 수 있는 타이밍이다. 그래서 우리는 3~5년 사이에 반드시 한 번은 오는 하락장이나 횡보장을 기다려야 한다. 이건 예측의 영역이 아니라 반복의 영역이다. 시장은 항상 움직여왔고, 앞으로도 반복될 것이다. 그때를 대비해 미리 준비하고, 잘 팔고, 급매를 잘 사는 방식으로 수익을 극대화해 나가는 것이다.

여기서 중요한 포인트가 하나 있다. '싸게 사는 것은 손품이 아니라 발품에 있다는 점'이다.

많은 사람이 네이버 부동산을 하루에도 몇 번씩 들여다보며 좋은 매물을 찾는다. 하지만 진짜 급매는 대부분 거기에 올라오기 전에 팔린다. 공동중개를 안 하는 매물, 단골 손님에게만 보여주는 매물, 급하게 정리해야 해서 조용히 내놓는 매물은 현장에 있다.

누군가는 손가락으로 검색하고 있을 때, 우리는 직접 움직여야 한다. 단지 하나에 상가 부동산이 다섯 곳, 열 곳씩 붙어 있다. 주말마다 돌아다니며 인사하고, 실매수자라는 걸 보여주고, 연락처를 남기고, 매물 나오면 알려달라고 이야기해야 한다. 그렇게 한 달만 돌아다녀도 30번, 40번 이상 부동산을 방문할 수 있다.

그 경험이 쌓이면 시장의 온도가 느껴진다. 요즘 분위기가 어떤지, 집주인들이 버티는지, 아니면 조용히 가격을 내리는지 몸으로 알게 된다.

네이버에 올라오기 전 매물을 내가 먼저 볼 수 있어야 한다. 공동중개를 안 하는 급매물을 내가 잡아야 한다. 그래야 가격에서 이길 수 있다. 이건 단순한 정보 싸움이 아니라 행동 싸움이다. 결국 부동산은 현장에서 결정된다.

손품, 발품, 그리고 공부. 여기에 더해서 누군가에게 물어보는 것도 중요하다. 혼자 판단하는 것보다 경험 많은 사람의 시각을 참고하는 것이 훨씬 빠르다. 같은 지역을 오래 본 사람, 실제로 여러 번 갈아타기를 해본 사람의 조언은 큰 도움이 된다.

시장에는 한 가지 명확한 신호가 있다. '매물이 없으면 오른다.'

이건 굉장히 단순한 원리지만 실제로 잘 작동한다. 아파트 전체 세대수 대비 매매로 나온 물건이 2% 이하라면 단기 상승이 나올 가능성이 높다. 이걸 '매물률'이라고 한다.

예를 들어 1,000세대 아파트에 매물이 20개라면 매물률은 2%다. 10개라면 1%다.

이 수치가 낮을수록 매도자 우위 시장이 형성된다.

이 매물률은 단순하지만, 굉장히 강력한 지표다. 실제로 시장이 바닥을 다질 때를 보면 매물은 많은데 거래는 없다. 하지만 시간이 지나면서 매물이 하나씩 줄어들고, 어느 순간부터는 좋은 매물이 안 보이기 시작한다. 그때 가격이 슬슬 움직이기 시작한다.

매물 수가 줄어드는 흐름을 보는 것만으로도 상승 초입을 어느 정도 느낄 수 있다.

내가 집을 언제 사든, 4년 사이클 안에는 반드시 하락장이나 횡보장을 만나게 된다. 이건 거의 피할 수 없는 흐름이다. 그 타이밍을 노려 상급지로 갈아타야 한다.

그때쯤이면 시드머니도 더 모여 있을 것이고, 연봉도 올라 대출받을 수 있는 능력도 커져 있을 것이다. 대출력은 시간이 지날수록 자연스럽게 올라간다. 그리고 하락장 때는 정부에서도 대출 규제를 완화하는 경우가 많다. 시장이 너무 얼어붙으면 거래가 안 되기 때문에 숨통을 틔워주는 정책이 나오기 마련이다. 이 타이밍을 적극적으로 활용해야 한다.

매물의 흐름을 보는 방법도 있다. 요즘은 다양한 부동산 앱을 통해 단지별 매물 개수를 확인할 수 있다. 매물이 계속 줄어드는 단지는 상승이 시작될 가능성이 크다. 반대로 매물이 늘어나는 시기는 시장이 쉬어가는 구간일 가능성이 크다. 그 구간에서 팔고 갈아타는 전략이 중요하다.

그리고 어떤 아파트가 하락장에서도 잘 팔리는지도 기억해야 한다. 역세권, 대단지, 브랜드, 초등학교.

이 네 가지 조건을 갖춘 아파트는 시장이 얼어붙어도 수요가 있다. 매도 자체가 가능한 아파트를 들고 있어야 갈아타기가 가능하다. 팔리지 않는 집을 들고 있으면 다음 기회를 잡을

| 이름 | 세대 수 | 매매 | 계산식 | 매물률 |
|---|---|---|---|---|
| 마포구 A 아파트 | 3885 | 76 | $\dfrac{76}{3885} \times 100$ | **1.9%** |
| 도봉구 A 아파트 | 3169 | 80 | $\dfrac{80}{3169} \times 100$ | **2.5%** |

수 없다. 결국 갈아타기의 핵심은 '잘 팔리는 집'을 가지고 있는 것이다.

그래서 하락장에는 매물량이 많은 상급지를 보러 다녀야 한다. 입주 물량이 많아서 가격이 눌린 곳, 투자 수요가 빠져서 매물이 쌓인 곳, 시장이 조용해져서 협상이 가능한 곳. 그런 곳으로 점프하는 것이다.

이 시기에 움직인 사람과 그냥 버틴 사람의 격차는 다음 상승장에서 크게 벌어진다.

4년 사이클은 쉽게 변하지 않는다. 정부 정책이 바뀌어도, 공급 대책이 나와도, 규제가 생겨도 결국 시장은 오르고 쉬고를 반복해왔다. 사람들의 심리도 크게 변하지 않는다. 오를 때는 더 오를 것 같고, 떨어질 때는 더 떨어질 것 같다고 느낀다.

이 반복 속에서 기회를 찾는 사람이 올라간다.

이 책이 말하는 전략은 단순하다. '4년에 한 번, 상급지로

갈아타라.'

시장이 오를 때는 버티고, 시장이 쉬어갈 때는 움직여라. 준비된 사람만 그 타이밍에 점프할 수 있다. 그렇게 한 번 올라가고, 또 한 번 올라가고, 또 한 번 올라가다 보면 어느 순간 도착해 있는 위치가 달라져 있다. 처음 출발했던 곳은 기억도 나지 않을 만큼 멀어져 있을 것이다. 그게 바로 사이클을 읽는 힘이다. 그리고 그 힘은 공부와 발품, 그리고 시간을 내 편으로 만드는 인내 속에서 만들어진다.

시장이 오를 때는 버티고, 시장이 쉬어갈 때는 움직여라

# 1기 신도시 소형 아파트 레버리지 투자

(시기 : 0년 차~4년 차 /

목표 : 자산의 눈덩이 만들기)

# 왜 1기 신도시인가? :
# 썩어도 준치,
# 인프라가 갖춰진 곳의 힘

부동산은 복잡해 보이지만 본질은 생각보다 단순하다. 살고 싶은 사람이 많은 곳, 앞으로도 계속 살고 싶은 사람이 생길 곳에 집을 사면 된다.

여기서 말하는 수요는 단순히 매매수요만을 의미하지 않는다. 전세수요, 월세수요까지 포함한 '거주수요' 전체를 말한다. 집을 사는 사람이 일시적으로 줄어들어도, 그 지역에 살고 싶어 하는 사람이 많으면 그 지역은 쉽게 무너지지 않는다.

결국 부동산은 사람이 모이는 곳이 이긴다. 그리고 사람은 인프라를 따라 움직인다.

인프라는 크게 세 가지로 나눌 수 있다.

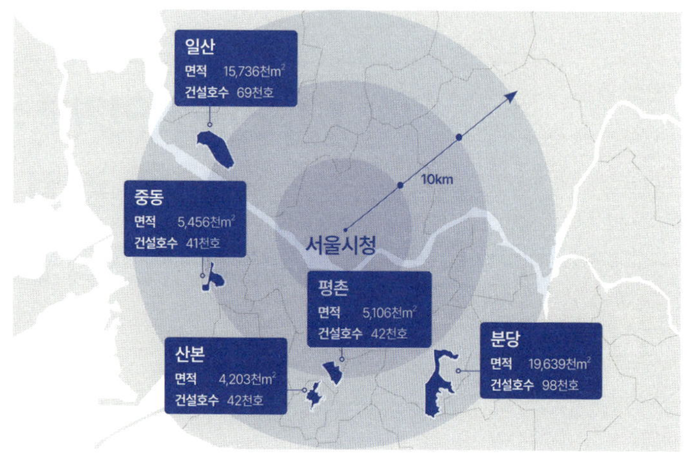


첫째는 교통이고, 둘째는 학군이며, 셋째는 생활시설이다.

지하철과 도로가 잘 연결되어 있는지, 아이를 키우기 좋은 학교가 있는지, 마트와 병원, 공원과 학원이 가까이 있는지. 이 세 가지가 갖춰진 곳은 시간이 지나도 수요가 끊기지 않는다. 그래서 초보 투자자에게 가장 먼저 추천하는 지역이 바로 1기 신도시다.

1기 신도시는 1990년대 초 노태우 정부 시절 만들어진 계획도시로, 일산, 분당, 산본, 중동, 평촌이 대표적이다. 이곳의 공통된 특징은 하나다. 이미 완성된 도시라는 점이다.

이 도시들은 단순히 아파트만 지어놓은 곳이 아니다. 서울로 연결되는 지하철과 도로, 대형 상권, 병원, 학교, 학원, 공원까지 사람이 살기 위해 필요한 대부분의 요소가 이미 갖춰져 있다. 시간이 흐르면서 아파트는 낡았지만, 도시는 오히려 더 단단해졌다.

이걸 이해하기 쉽게 비유해보면 1기 신도시는 오래된 나무와 같다. 겉으로 보면 새로 심은 나무보다 덜 화려해 보일 수 있다. 외관은 낡아 보이고, 건물도 오래되어 보인다. 하지만 뿌리가 깊다. 비가 와도, 바람이 불어도 쉽게 흔들리지 않는다.

반면 새로 만들어진 신도시는 이제 막 심은 나무와 비슷하다. 줄기는 반짝이고 새잎도 많지만 아직 뿌리가 깊게 내려가지 않았다. 시간이 더 필요하다. 그래서 부동산 초보에게는 이미 뿌리가 깊게 내려간 도시에서 시작하는 것이 훨씬 안전하다.

'썩어도 준치'라는 말이 있다. 겉보기에는 낡아 보여도 기본기가 탄탄하면 여전히 가치가 있다는 뜻이다.

1기 신도시가 딱 그렇다.

아파트는 오래됐을 수 있다. 외관도 요즘 신축처럼 화려하지 않을 수 있다. 하지만 내부는 얼마든지 바꿀 수 있다. 도배를 하고, 장판을 바꾸고, 새시와 싱크대를 교체하면 집은 완전히 다른 공간이 된다. 하지만 입지는 바꿀 수 없다. 집은 고칠 수 있지만 교통은 고칠 수 없고, 학군은 새로 만들 수 없으며, 상권은 하루아침에 생기지 않는다.

그래서 부동산에서는 늘 같은 말을 한다. "집은 고쳐도 되지만, 땅은 못 고친다."

1기 신도시는 바로 그 '땅의 힘'이 살아 있는 곳이다.

서울과 연결된 지하철이 있고, 잘 정비된 도로망이 있으며, 오랜 기간 자리 잡은 학군이 있다. 대형마트와 백화점, 생활밀착형 상권도 이미 자리 잡고 있다. 이런 것들은 하루아침에 만들어진 것이 아니다. 30년 가까운 시간이 쌓여 만들어진 결과다. 그래서 사람들이 계속 모인다.

신혼부부는 수리해서 들어와 살고, 아이를 키우는 가족은 학군 때문에 들어오고, 서울 집값이 부담되는 사람들은 대안으로 들어온다. 결혼을 하면서, 독립을 하면서, 직장을 옮기면서, 혹은 삶의 환경이 바뀌면서 사람들은 계속 이동한다.

그때마다 1기 신도시는 항상 선택지 안에 들어간다. 이게 바로 '꾸준한 수요'다.

특히 소형 아파트는 더 강하다. 사회초년생이 처음 독립할 때, 신혼부부가 첫 집을 구할 때, 지방에서 올라온 직장인이 정착할 때 가장 먼저 찾는 크기가 바로 소형이다. 큰 집은 비싸서 고민하게 되지만, 작은 집은 현실적으로 선택할 수 있다. 그래서 소형은 항상 시장의 입구에 있다.

그리고 투자에서 가장 중요한 것은 바로 '입구'에 서 있는 것이다. 사람이 계속 들어오는 구조 안에 있어야 가격도 버티고, 거래도 생기고, 전세도 잘 나간다.

또 하나 중요한 특징이 있다. 1기 신도시는 도로가 넓고 동 간격이 넓다. 구도심보다 도시계획이 여유 있게 되어 있다. 직접 가서 걸어보면 느껴진다. 답답하지 않다. 숨이 트인다.

그래서 오래 산 사람들이 잘 떠나지 않는다. 이 역시 또 하나의 수요다. 오래 사는 사람이 많다는 것은 그만큼 살기 좋은 동네라는 의미이기도 하다.

게다가 시간이 지나면서 신규 철도노선, 지하철 연장선, GTX 같은 교통호재가 계속 붙는다. 이미 만들어진 도시 위에 교통이 계속 덧입혀지는 구조다.

이건 굉장히 큰 장점이다. 아무것도 없는 땅에 새로 도시를 만드는 것보다 이미 사람이 사는 곳에 교통이 추가되는 것이 체감 효과가 훨씬 크다. 출퇴근 시간이 줄어드는 순간, 그 지역의 가치는 바로 올라간다. 지방에서도 서울 투자가 부담스러운 사람들이 가장 많이 보는 곳이 바로 1기 신도시다. 직접 임장을 가보면 느끼게 된다.

"여기 살기 괜찮겠다."

이 생각이 드는 순간 이미 그 지역은 수요가 있는 곳이다. 투자는 거창한 곳에서 시작할 필요가 없다. 씨앗을 심는 단계에서는 안정적으로 눈덩이를 굴릴 수 있는 곳이 중요하다.

눈덩이는 처음엔 작다. 하지만 굴리면 굴릴수록 커진다. 처음부터 큰 돌을 굴리려고 하면 힘들어서 포기하게 된다. 그래서 1기 신도시 소형 아파트는 처음 굴리는 눈덩이와 같다.

가격 접근성이 있고, 전세수요가 꾸준하고, 생활 인프라가 이미 갖춰져 있고, 서울과 연결되어 있다. 그리고 시간이 지나면 리모델링, 재건축, 교통호재 같은 추가 재료도 하나씩 붙는다.

처음 시작하기에 이보다 좋은 연습장은 많지 않다.

1기 신도시를 임장해보면 사회초년생과 신혼부부 입장에서 '살기 좋은 동네'라는 느낌이 많이 든다. 그 느낌이 바로 수요다. 투자는 숫자만 보는 게 아니라, 사람이 왜 여기에 살고 싶어 하는지를 몸으로 느끼는 과정이다. 그리고 그 감각은 현장에서 만들어진다. 처음에는 낡아 보일 수도 있다. 하지만 그 안에 쌓여 있는 시간의 힘을 읽어야 한다.

썩어도 준치다. 겉만 보고 판단하면 놓치게 된다. 인프라가 갖춰진 곳의 힘을 알아야 한다. 집은 낡을 수 있다. 하지만 입지는 늙지 않는다.

# 용적률과 대지지분 : 낡은 집이 새집 될 가능성에 베팅하라

지난 챕터에서 이야기했듯이 1기 신도시는 낡았다. 외관만 보면 오래된 느낌이 나고, 신축 아파트와 비교하면 확실히 세월의 흔적이 보인다. 그래서 처음 보는 사람들은 본능적으로 한 발 물러난다. "여긴 너무 오래됐어." "이걸 왜 사?" "나중에 문제 생기는 거 아니야?" 같은 말이 나온다.

그런데 투자는 감정이 아니라 구조로 해야 한다. 실거주자는 현재의 편안함을 본다. 투자자는 미래의 변화 가능성을 본다. 그리고 이 '미래의 변화 가능성'을 가장 선명하게 보여주는 숫자가 있다. 바로 용적률과 대지지분이다.

우리가 1기 신도시를 보는 이유는 단순히 "싸서"가 아니다.

싸게 시작해서, 시간이 지나면서 도시가 더 좋아지고, 그리고 결정적으로 낡은 집이 새집이 될 여지가 있기 때문이다. 조금 쉽게 말하면 이런 것이다.

"헌집 줄 테니, 새집 다오."

재건축과 리모델링은 결국 이 논리로 움직인다. 지금은 낡아 보이는 아파트가 10년 뒤, 15년 뒤 완전히 새 아파트로 바뀔 가능성이 있다면 그건 단순히 '집'을 사는 게 아니라 '미래의 땅'에 투자하는 것이다.

그래서 우리는 오래된 아파트를 볼 때 외벽 페인트가 벗겨졌는지, 엘리베이터가 낡았는지, 주차가 불편한지를 먼저 보는 사람이 아니라 "이게 새집이 될 수 있는 자리인가?"를 먼저 보는 사람이 되어야 한다. 그 질문에 답을 주는 것이 용적률과 대지지분이다. 이 두 가지를 이해하면 초보 투자자에서 한 단계 올라간다.

### 용적률, 한 번만 제대로 이해하면 끝난다

용적률은 쉽게 말해 "이 땅에 건물을 얼마나 빽빽하게 지어 놨느냐"를 나타내는 숫자다.

조금 더 직관적으로 풀어보자. 땅이 100평 있다고 가정한다.

즉, 용적률은 '땅 대비 건물의 총 면적'이라고 생각하면 된다. 건물이 높고 많을수록 용적률이 높아지고, 건물이 낮고 적을수록 용적률이 낮아진다.

아파트에 적용하면 더 쉬워진다. 같은 크기의 땅 위에



여기서부터 진짜 중요한 지점이 나온다.

### 왜 용적률이 낮은 아파트가 더 '맛'이 있는가

재건축은 기본적으로 이런 질문으로 시작한다. "이 땅에 더 많은 집을 지을 수 있느냐?"

재건축이 돈이 되는 이유는 딱 하나다. 같은 땅 위에 더 효율적으로, 더 많이, 더 비싸게 지을 수 있기 때문이다. 여기서 용적률이 핵심 역할을 한다.

예를 들어 A아파트와 B아파트가 있다. 둘 다 땅 크기는 비슷하다고 하자.

> * A아파트 용적률 : 130%
> * B아파트 용적률 : 300%

이 두 단지가 "재건축을 하자"라고 동시에 출발한다면 어디가 더 유리할까. 대부분은 직감적으로도 A가 유리하다고 느낀다. 이유는 간단하다.

B아파트는 이미 꽉 찼다. 내가 가진 땅이 작다는 뜻이다. 이미 300%로 빽빽하게 지어놓은 상태에서 "더 올려서 더 지어보자"가 쉽지 않다. 각종 규제와 기준이 걸리고, 사업성이 약해진다. 반대로 A아파트는 "여기 땅이 널널하네?"라는 결론이 나온다. 낮게, 듬성듬성 지어놓은 상태라면 땅 주인이 적은 것이다. 새로 지을 때 더 높게, 더 효율적으로 만들 여지가 있다. 즉, 추가로 만들어낼 수 있는 '여유분'이 많다. 이 여유분이 바로 재건축 사업성의 근육이다.

용적률을 컵에 비유해보면 더 이해가 쉽다.

용적률이 낮다는 것은 "컵에 물이 덜 차 있다"는 뜻이다. 그래서 가치가 생긴다.

## 리모델링에서도 용적률은 계속 따라다닌다

여기서 오해하면 안 되는 게 하나 있다. "재건축만 용적률을 보나?"라는 질문이다. 아니다. 리모델링에서도 결국 용적률은 계속 따라다닌다.

리모델링은 재건축처럼 완전히 밀고 새로 짓는 방식이 아니라 기존 골조를 활용하는 방식이라 규제도 다르고 사업 방식도 다르다. 하지만 핵심은 똑같다. '더 좋아질 여지가 있는가'를 보는 것이다.

결국 "이 단지는 앞으로 업그레이드가 가능한가?"라는 질문으로 귀결된다. 그리고 그 질문 앞에서 용적률은 늘 첫 번째 체크리스트가 된다.

## 대지지분, 진짜 부자는 집이 아니라 땅을 가진다

대지지분은 용적률과는 결이 다르다. 용적률이 "이 땅에 얼마나 지어졌나"를 본다면, 대지지분은 "그 땅을 내가 얼마나 갖고 있나"를 본다.

아주 극단적으로 상상해보자. 아파트 한 동이 통째로 사라졌다고 하자. 건물이 완전히 없어지고 땅만 남았다. 그때의 질문은 이것이다.

"이 땅 중에서 나는 얼마를 가지고 있지?"

그게 대지지분이다. 사람들은 아파트를 산다고 생각하지만, 실제로는 그 아래 깔린 땅을 지분 형태로 나눠 갖는 것이다. 그래서 같은 24평 아파트라도 대지지분이 다를 수 있다.

* 어떤 집은 대지지분이 15평
* 어떤 집은 대지지분이 8평

이 차이는 생각보다 훨씬 크다. 왜냐하면 재건축은 결국 땅

을 다시 개발하는 사업이기 때문이다. 땅을 더 많이 가진 사람
이 유리한 건 당연하다.

## 대지지분이 큰 집이 유리한 이유는 '현실적인 돈' 때문이다

재건축에서 대지지분이 중요한 이유는 감성적인 이유가 아
니다. 현실적인 이유, 돈 때문이다. 사업을 하면 나오는 질문
이 늘 비슷하다.

* 내가 새 아파트를 받으려면 얼마나 더 내야 하는가(추가분담금)
* 내가 원하는 평형을 받을 수 있는가
* 대형 평형이나 로열동을 받을 수 있는 가능성이 있는가
* 사업이 진행될 때 내 지분이 얼마나 '힘'을 갖는가

대지지분이 크면, 같은 조건에서도 유리한 방향으로 갈 가
능성이 커진다. 왜냐하면 조합 입장에서 보면 결국 이 사업은
토지소유자들의 합의로 굴러가고, 토지 기여도가 큰 사람이
목소리를 갖기 마련이기 때문이다.

물론 모든 단지가 "대지지분 큰 사람이 무조건 로열을 받는
다" 같은 단순 구조로 움직이지는 않는다. 각 단지마다 관리
처분 기준과 규정이 다르다. 하지만 큰 틀에서 보면 방향은 같

다. 재건축은 결국 '건물 교환'이 아니라 '땅의 가치 교환'이다.

### 용적률 + 대지지분, 이 조합이 보이면 게임이 달라진다

좋은 재건축 후보 단지를 보는 가장 단순한 공식은 이거다.

* 용적률이 낮다

* 대지지분이 크다

이 조합은 마치 넓은 땅에 낮은 집이 하나 서 있는 그림이다.

"이거 밀고 새로 지으면 훨씬 좋아지겠는데?"

바로 이 그림이 나오면 미래가치가 있다. 반대로 용적률이 높고 대지지분이 작으면 이미 꽉 찬 상태에서 내가 가진 땅도 적다. 변화의 여지가 작아진다.

초보자 입장에서 가장 쉬운 판단법을 딱 하나만 주자면 이렇다. 같은 지역, 같은 평형이라면

* 용적률 90% / 대지지분 큼 → A

* 용적률 250% / 대지지분 작음 → B

둘 중 하나를 고르라면 A가 훨씬 유리한 쪽일 가능성이 높다. 왜냐하면 A는 '헌집이 새집으로 바뀔 여지'가 많기 때문이다.

## 낡았다고 무시하면, 기회는 늘 남의 것이 된다

초보자들이 흔히 하는 실수는 이것이다. 낡은 아파트를 보면 즉시 결론을 낸다.

"여긴 너무 오래됐어."

하지만 투자자는 다르게 생각해야 한다.

"이거 새집이 될 자리인가?"

겉만 보면 낡았지만 용적률이 낮고 대지지분이 크다면, 그건 '잠자는 땅'이다. 아직 깨지지 않은 가치가 숨어 있는 것이다. 우리가 1기 신도시를 보는 이유도 결국 여기에 있다. 1기 신도시는 도시 계획 자체가 비교적 여유 있게 만들어진 곳이 많다. 저층 위주의 동 배치, 넓은 동 간격, 넉넉한 부지. 이런 구조는 시간이 지나면 정비사업의 재료가 된다.

그래서 1기 신도시에는 늘 리모델링, 재건축, 정비사업 이야기가 따라다닌다. 우연이 아니다. 도시 설계가 그럴 수밖에 없기 때문이다.

## 실거주자는 '현재'를 보고, 투자자는 '가능성'을 본다

실거주자는 당연히 현재를 본다.

* 집 상태가 깨끗한지

* 인테리어가 예쁜지

* 커뮤니티 시설이 좋은지

* 주차가 편한지

이건 너무 자연스럽다. 살아야 하니까. 하지만 투자자는 조금 불편해도 한 가지를 더 본다.

"이 집이 10년 뒤, 15년 뒤 어떤 모습으로 바뀔 수 있지?"

낡았어도 괜찮다. 오히려 낡았기 때문에 새집이 될 가능성이 생긴다. 그리고 그 가능성을 판단하는 눈이 바로 용적률과 대지지분이다.

## 결국 우리는 '집'을 사는 게 아니라 '땅'을 산다

아파트를 산다고 생각하지만, 본질은 그 아래 깔린 땅을 지분으로 사는 것이다.

그래서



그건 단순한 집이 아니라 좋은 땅이다. 좋은 땅은 시간이 지나면 반드시 가치가 드러난다.

새 아파트는 이미 완성된 결과다. 그래서 비싸다. 반면 낡은 아파트는 아직 변화의 여지가 남아 있다. 그 여지에 투자하는 것이 씨앗 심기의 핵심이다.

용적률을 보고, 대지지분을 보고, 마음속에 이런 문장이 떠오르면 된다.

"이건 나중에 달라질 수 있겠는데."

그 감각이 생기는 순간, 당신의 투자는 한 단계 올라간다. 낡았다고 피하지 말고, 낡았기 때문에 기회를 보는 것. 그게 바로 1단계, 씨앗을 심는 투자다.

# 불편함의 미학 :
# 나는 좁은 집에 살아도
# 등기는 아파트에 쳐라

1단계 씨앗심기에서 가장 중요한 것은 단 하나다. 내 이름으로 된 '등기'를 갖는 것이다. 얼마짜리 집이냐, 어디에 있느냐보다 먼저 중요한 것은 시작했다는 사실이다. 부동산 시장은 결국 등기사항증명서 위에서 움직인다. 뉴스도 정책도 세금도, 오르고 내리는 흐름도 전부 등기를 가진 사람을 중심으로 돌아간다. 그래서 첫 단추는 단순하다. 일단 하나를 가져야 한다.

처음 시작하는 사람들은 대부분 이렇게 묻는다. "좋은 집을 사야 하지 않나요?" "내가 직접 살 집부터 사야 하지 않나요?" 물론 언젠가는 그렇게 가야 한다. 하지만 1단계에서는 순서가 다르다. 지금 당장 편하게 살 집이 아니라, 앞으로 자산이 될 집을 먼저 가져야 한다. 그게 씨앗이다. 씨앗은 처음부터 크지 않다. 하지만 한 번 심어놓으면 시간이 그 씨앗을 키운다.

우리나라에는 전세라는 독특한 제도가 있다. 이건 다른 나라에서는 쉽게 찾아볼 수 없는 구조다. 그래서 종잣돈이 부족한 사람에게는 굉장히 강력한 시작점이 된다. 물론 토지거래 허가제로 묶여서 실입주를 해야 하는 지역도 있고, 전세를 놓기 어려운 구간도 있다. 하지만 투자 수요가 과열되지 않은 지역, 규제를 받지 않는 지역은 여전히 많다. 이런 곳에서는 내가 직접 살지 않아도 전세나 월세를 놓고 등기를 먼저 만들 수 있다. 그 순간부터 자산의 시간이 흐르기 시작한다.

앞장에서 이야기한 시드머니와 대출력을 최대한 활용해 첫 등기를 치자. 거창할 필요 없다. 완벽할 필요도 없다. 중요한 건 시작이다.

나는 1.5룸에 월세로 살아도 된다. 좁은 오피스텔에서 살아도 된다. 수도권 외곽에서 살아도 되고, 잠시 지방에 내려가 살아도 괜찮다. 몸이 머무는 공간은 조금 작아도 된다. 조금 불편해도 된다. 그 대신 내 이름이 올라간 등기는 사람들이 계속 찾는 수요 많은 아파트에 있어야 한다.

이 문장은 단순한 비유가 아니다. 실제로 그렇게 선택해야 한다. 내가 사는 집은 소비다. 내가 등기를 가진 집은 자산이다. 이 둘은 완전히 다른 방향으로 움직인다. 소비는 시간이 지나면 사라진다. 낡아지고, 잊히고, 남는 게 없다. 하지만 자산은 시간이 지날수록 쌓인다. 시장의 흐름을 타고, 전세가를 따라가고, 결국 다음 단계로 점프할 수 있는 발판이 된다.

조금 불편하면 어떤가. 내가 뿌린 씨앗은 그 순간부터 조용히 자라고 있다. 내가 출근을 하고, 밥을 먹고, 하루를 보내는 동안에도 그 씨앗은 땅속에서 뿌리를 내리고 있다. 비가 오든, 해가 뜨든, 계절이 바뀌든 상관없이 조금씩 자라고 있다. 눈에는 잘 보이지 않지만, 분명히 자라고 있다.

씨앗을 심는다는 건 원래 그렇다. 처음에는 아무 변화도 없는 것처럼 보인다. 흙만 덮여 있고, 아무 일도 일어나지 않는 것 같다. 그래서 많은 사람들이 포기한다. "이거 사봤자 뭐가 달라지겠어." "몇 년째 그대로인데." 그렇게 말하며 포기한다. 하지만 어느 날 보면 싹이 올라와 있다. 그리고 시간이 더 지나면 나무가 된다. 그 나무가 그늘을 만들고, 열매를 맺는다. 부동산의 첫 등기도 똑같다. 처음에는 티가 안 난다. 하지만 그 시간을 버티는 사람에게만 변화가 온다.

그래서 1단계에서는 실주거비를 최대한 아끼는 게 중요하다. 좋은 집에서 편하게 사는 것보다, 자산이 될 곳에 돈을 심어놓는 게 먼저다. 내가 사는 집은 '지금의 편안함'을 위한 공간이다. 내가 등기를 가진 집은 '미래의 선택권'을 만드는 공간이다.

이 선택은 단순한 절약이 아니다. 전략이다. 지금의 편안함을 잠시 미루고, 미래의 가능성을 먼저 잡는 선택이다.


등기를 갖게 되는 순간, 사람은 신기하게 달라진다. 전에는 부동산 뉴스가 그냥 뉴스였다. 남 이야기였다. 하지만 내 이름으로 된 집이 하나 생기는 순간부터 그 뉴스는 내 이야기가 된다. 금리가 오르면 "내 대출이자는 얼마나 오르지?"를 생각하게 되고, 세금 정책이 바뀌면 "나한테 영향이 있나?"를 먼저 보게 된다.

정부 정책에도 관심이 생긴다. 대출 규제가 왜 생겼는지, 왜 완화되는지, 왜 특정 지역이 묶이는지 이런 흐름이 눈에 들어오기 시작한다. 세금에 대해서도 생각하게 된다. 재산세 고지서를 처음 받아보는 순간, 묘한 감정이 든다. 돈이 나가는 건 아까운데, 동시에 내가 자산을 가진 사람이 됐다는 걸 실감하게 된다.

그때부터 세상을 보는 눈이 달라진다. 국제 경제 뉴스도 그냥 스쳐 지나가지 않는다. 금리가 왜 오르는지, 경기가 왜 흔들리는지, 환율이 왜 움직이는지 이런 것들이 내 삶과 연결된 이야기로 느껴진다. 등기 하나가 사람의 시선을 바꾸고, 생각의 깊이를 바꾼다.

그래서 첫 등기는 단순한 부동산 하나가 아니다. 자산가로 가는 출발선이다.

이건 현재를 포기하는 게 아니라, 미래를 선택하는 것이다. 지금 당장의 편안함을 조금 내려놓고, 앞으로 자라날 나무를 심는 것이다. 지금은 작은 화분 같아 보여도, 시간이 지나면 그 나무는 집을 만들고, 그늘을 만들고, 결국 나를 지켜주는 울타리가 된다.

1단계 씨앗심기는 여기서 출발한다. 내 이름으로 된 첫 등기. 내가 직접 사는 집이 아니어도 괜찮다. 내가 조금 좁은 공간에서 살아도 괜찮다. 그 대신 내 자산은 좋은 땅 위에서 자라고 있어야 한다. 그 사실 하나만으로도 충분히 기쁜 일이다.

내가 뿌린 씨앗이 지금 이 순간에도 무럭무럭 자라서 자산을 형성하고 있다는 걸 알게 되는 순간, 그때부터 마음이 달라진다. 불편함은 불편함이 아니라 선택이 되고, 기다림은 기다림이 아니라 투자 시간이 된다.

그리고 시간이 조금 더 지나면 깨닫게 된다. 그때의 불편함이 내 인생에서 가장 잘한 선택 중 하나였다는 것을. 그렇게 조용히, 그러나 분명하게 자산은 만들어진다. 그리고 그 시작은 언제나 첫 등기에서부터다.

# 1단계 추천 지역 분석 : 중동·산본의 소형 평수를 주목하라

1기 신도시라고 해서 모두 같은 흐름을 보이는 것은 아니다. 같은 시기에 만들어진 계획도시지만 가격의 위치도 다르고, 상승 속도도 다르고, 투자 진입 난이도도 다르다. 이미 많이 오른 곳이 있고, 아직 덜 오른 곳이 있고, 당분간 쉬어갈 곳도 있다. 그래서 1단계에서 씨앗을 심는 입장이라면 무조건 접근 가능한 곳을 찾아야 한다.

부동산은 늘 같은 원리로 움직인다. 좋은 지역은 결국 더 좋아지고, 이미 비싼 지역은 계속 비싸진다. 하지만 처음 시작하는 단계에서는 그 '좋은 지역'이 오히려 부담이 된다. 분당과 평촌은 입지 자체가 좋고, 학군과 인프라도 탄탄하고, 장기적으로 봐도 여전히 가치가 있는 도시다. 이건 누구나 인정하는 사실이다. 하지만 그만큼 가격이 이미 올라 있다.

첫 씨앗을 심는 단계에서 가장 중요한 건 진입이다. 시작이다. 지금 내 시드머니로 들어갈 수 있는 곳이어야 한다. 무리해서 들어가면 다음 단계로 넘어갈 여력이 사라진다. 첫 단추에서 숨이 차버리면 그 다음 점프를 준비할 시간이 없다. 그래서 1단계에서는 욕심을 잠시 내려놓는 게 맞다. 좋은 지역인건 인정하되, 지금은 바라만 보고 지나가는 것이 전략이다.

1단계에서는 '좋은데 아직 덜 오른 곳'을 찾아야 한다. 이 기준에 가장 잘 맞는 지역이 바로 부천 중동과 산본이다. 두 지역 모두 1기 신도시라는 이름답게 이미 도시로서의 기본기가 완성되어 있다. 역을 중심으로 상권이 형성되어 있고, 학원가가 자리 잡았고, 병원과 마트, 공원, 학교까지 생활에 필요한 요소들이 균형 있게 갖춰져 있다.

도시가 이미 완성되어 있다는 건 굉장히 큰 장점이다. 아무것도 없는 땅에 아파트만 세워진 곳과는 다르다. 사람들이 이미 오랫동안 살아왔고, 생활 패턴이 형성되어 있고, 지역에 대한 신뢰가 쌓여 있다. 이런 도시는 쉽게 무너지지 않는다. 수요가 끊기지 않기 때문이다.

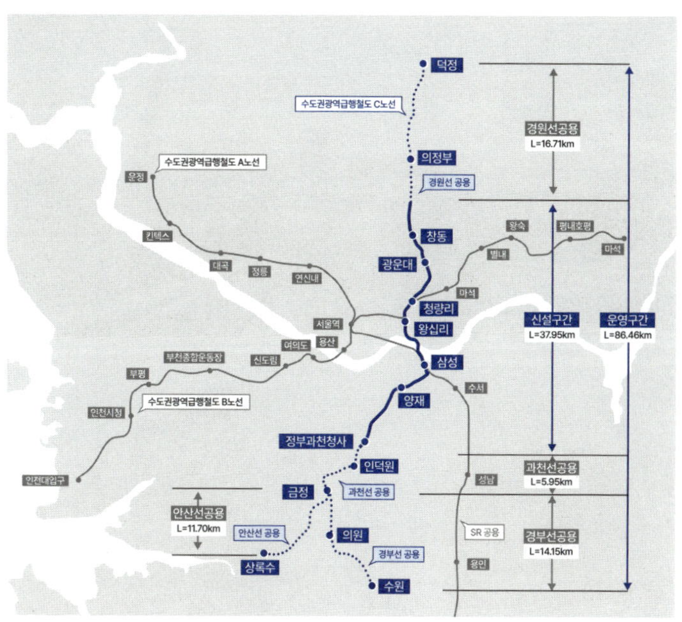



수도권광역급행철도 C노선 노선도

산본과 중동의 공통점은 분당과 평촌에 비해 강남 접근성이 떨어진다는 이유로 가격 상승률이 상대적으로 덜했다는 점이다. 이건 단점처럼 보이지만 투자 관점에서는 기회가 된다. 부동산은 결국 교통 따라 움직이기 때문이다. 교통이 개선되는 순간 도시의 위치는 완전히 달라진다.

산본은 금정역을 중심으로 큰 변화를 준비하고 있다. 금정역은 이미 1호선과 4호선이 만나는 환승역이다. 여기에

산본

GTX-C 노선이 더해지면 이야기가 완전히 달라진다. GTX는 단순한 지하철이 아니다. 기존의 '거리' 개념을 '시간' 개념으로 바꿔버리는 교통수단이다. 예전에는 강남까지 1시간이 걸리던 곳이 20~30분대로 줄어들 수 있다. 이렇게 되면 그 도시는 더 이상 외곽이 아니다. 출퇴근이 가능한 직주근접 도시가 된다.

직주근접이 되는 순간 수요가 바뀐다. 수요가 바뀌는 순간 가격의 기준도 달라진다. 사람들은 결국 시간을 사고 싶어 하기 때문이다. 하루 왕복 두 시간을 줄일 수 있다면 그 가치만으로도 충분히 이동할 이유가 된다.

부천 중동 역시 흐름이 나쁘지 않다. 7호선이 강남권으로 이어지고 있고, 서울 접근성 자체는 이미 괜찮은 편이다. 여기에 리모델링을 준비하거나 추진 중인 단지들이 꾸준히 나오고 있다. 도시 규모도 크고, 계획도시답게 도로가 넓고 상권이 탄탄하다. 이미 사람들이 살기 편한 구조가 완성되어 있기 때문에 교통이나 정비사업 같은 변화가 조금만 더 붙으면 도시의 위상은 자연스럽게 올라간다.

그래서 산본과 중동은 1단계 씨앗을 뿌리기에 좋은 조건을 갖춘 곳이다. 이미 살기 좋은 도시인데 가격은 상대적으로 덜 올랐고, 앞으로 변화를 만들어낼 재료들이 하나둘씩 쌓이고

중동

있다. 이런 곳이 바로 시작점으로 적당하다.

특히 주목해야 할 건 20평 전후의 소형 평수다. 인구 구조를 보면 답이 나온다. 1~2인 가구가 전체 가구의 절반을 넘는 시대가 되었고, 3인 가구 비중도 꾸준히 유지되고 있다. 가족

수는 줄어들고 있지만 가구 수는 계속 늘어나고 있다. 이 말은 소형 평수의 수요는 앞으로도 계속 존재한다는 뜻이다.

사회초년생이 처음 독립할 때, 신혼부부가 첫 집을 구할 때, 직장 때문에 이동해야 할 때 가장 먼저 찾는 게 소형 평수다. 특히 교통이 좋은 지역이라면 더 그렇다. 회사와 집 사이의 이동 시간이 짧을수록 주거 만족도는 높아진다. 그래서 산본이나 중동처럼 역세권 중심으로 생활이 가능한 도시에서는 소형 평수의 회전율이 빠르다. 전세 수요도 꾸준하고 매매 수요도 일정하게 유지된다.

GTX의 의미를 다시 생각해보자. 이건 단순히 새로운 노선 하나가 생기는 게 아니다. 도시의 지도를 다시 그리는 수준의 변화다. 예전에는 강남에서 멀다고 느껴졌던 지역이, 시간이 단축되는 순간 체감 거리가 확 줄어든다. 도어 투 도어, 집에서 나와 회사까지 걸리는 총 시간이 줄어드는 순간 그 지역의 가치는 올라간다. 사람들은 결국 시간을 중심으로 움직인다.

그래서 산본 금정역 일대를 직접 걸어보면 느낌이 온다. 역세권 상권이 이미 잘 형성되어 있고, 주변에 아파트들이 촘촘하게 자리 잡고 있다. 중동 역시 신중동역 주변을 걸어보면 도시의 스케일이 느껴진다. 상권이 크고 유동인구가 많고, 생활이 편리하다. 임장을 가보면 아마 이런 생각이 들 것이다. "여기 참 살기 좋다. 그런데 아파트는 좀 낡았네." 바로 그 지점에 답이 있다.

낡았다는 건 곧 변화의 여지가 있다는 뜻이다. 새것이 바로 되지 않더라도, 새것이 되려는 움직임만 보여줘도 투자 수요는 붙기 시작한다. 리모델링 이야기가 나오고, 재건축 이야기가 나오고, 교통이 개선된다는 이야기가 돌기 시작하면 시장의 관심이 조금씩 쏠린다. 그 관심이 쌓이면 매물은 줄어들고 가격은 반응하기 시작한다.

1단계 씨앗뿌리기는 거창한 지역에서 시작할 필요가 없다. 지금 내 시드로 접근 가능한 곳, 전세 수요가 안정적인 곳, 그리고 앞으로 변화를 만들어낼 가능성이 있는 곳이면 충분하다. 산본과 중동은 그 조건을 모두 갖춘 도시다.

특히 20평 전후 소형 평수는 접근 가능한 가격대에서 시작할 수 있는 선택지다. 전세를 활용하면 비교적 적은 돈으로 등기를 만들 수 있는 구조가 나오는 경우도 많다. 물론 시기와 매물에 따라 차이는 있겠지만, 대략 1~2억 수준의 종잣돈으로도 시작이 가능한 구간이 형성되곤 한다. 이 정도 규모는 1단계 씨앗을 심는 입장에서 현실적인 출발선이다.

처음부터 완벽한 투자를 하려고 하면 시작을 못 한다. 중요한 건 좋은 지역에, 수요가 있는 평형으로, 감당 가능한 가격에 진입하는 것이다. 그 시작점으로 산본과 중동은 충분히 매력적인 선택지다. 이미 완성된 도시 위에 교통이라는 재료가 더해지고 있고, 낡은 아파트들이 리모델링과 재건축이라는 다음 단계를 기다리고 있다.

씨앗은 비옥한 땅에 심어야 한다. 산본과 중동은 이미 사람이 살아온 시간과 생활 인프라가 쌓인 땅이다. 여기에 교통이라는 물과 변화라는 햇빛이 더해지고 있다. 지금 심어둔 작은 씨앗이 시간이 지나면서 자리를 잡고 자라기에는 충분한 환경이다.

그리고 하나 더 덧붙이자면, 이런 지역의 소형 평수는 언제나 시장의 입구에 서 있다. 처음 집을 사는 사람들이 가장 먼저 찾고, 전세로 들어오려는 사람들이 가장 먼저 찾고, 직장 이동이 생기면 가장 먼저 찾는다. 그래서 거래가 끊기지 않는다. 거래가 있다는 건 시장이 살아 있다는 뜻이다.

1단계에서는 이게 중요하다. 잘 팔리고, 잘 돌아가고, 수요가 끊기지 않는 집. 그 집을 하나 가져야 다음 단계로 넘어갈 수 있다. 산본과 중동의 소형 평수는 바로 그 시작점이 될 수 있는 자리다. 지금 심어둔 씨앗이 조용히 뿌리를 내리고, 시간이 지나면 눈덩이처럼 자라기 시작한다. 그리고 그 눈덩이가 다음 단계로 넘어갈 힘이 된다.

# 전세 낀 매물을 싸게 잡는 방법

1단계에서 씨앗을 심을 때 가장 현실적인 방법 중 하나는 전세를 끼고 매입하는 것이다. 내가 전부 현금으로 집을 사는 것이 아니라, 이미 들어와 있는 전세금을 활용해서 적은 돈으로 등기를 만드는 방식이다. 이 구조를 이해하는 순간 부동산을 바라보는 시선이 달라진다. 같은 집이라도 누군가는 3억 원을 넣어 사고, 누군가는 1억 원으로 시작할 수 있다. 결국 차이는 '구조를 아느냐 모르느냐'에서 갈린다.

처음 시작하는 단계에서는 자금이 절대적으로 부족하다. 이건 당연한 이야기다. 그래서 더더욱 구조를 활용해야 한다. 전세를 끼고 사는 방식은 그 부족한 자금을 보완해주는 가장 현실적인 방법이다. 내가 전부 마련하지 못한 돈을 이미 들어와 있는 전세금이 대신 채워주는 구조다.


결국 핵심은 두 가지다.

'언제 사느냐, 그리고 어떤 집을 잡느냐'다.

내 집에 전세입자가 있게 되는 경우는 크게 두 가지다. 첫 번째는 이미 전세입자가 살고 있는 집을 매입하는 방법이다. 두 번째는 집주인이나 임차인이 퇴거하는 시점의 집을 사서 내가 새로 전세를 맞추는 방법이다. 두 방식 모두 가능하지만, 실제로 들어가는 비용과 난이도는 분명히 차이가 있다.

이미 임차인이 살고 있는 집을 사는 방식은 가장 안정적인 방법이다. 따로 전세입자를 구할 필요가 없기 때문에 공실 리스크가 없다. 전세가를 맞출 수 있을까 고민할 필요도 없고, 중개보수가 추가로 들지도 않는다. 매매 계약을 하면 기존 전세금이 그대로 승계되는 구조라서 초기 자금 부담이 훨씬 낮아진다.

그래서 1순위로 봐야 할 매물이 바로 이런 형태다.

'이미 전세가 들어와 있는 집'

여기서 가장 중요한 건 매매가와 전세가의 차이다. 흔히 '매전갭'이라고 부른다. 매매가 3억 원, 전세가 1억 5천만 원이라면, 실제로 내가 넣어야 하는 돈은 1억 5천만 원 정도다. 이 갭이 작을수록 내가 시작할 수 있는 가능성은 커진다. 씨앗을 심는 단계에서는 이 갭이 생명줄이다.

같은 단지에서도 갭이 작은 매물이 있고 큰 매물이 있다. 왜 차이가 날까. 수리가 잘 되어있어서 세를 높게 맞춰 놓았거나, 전세 수요가 많은 아파트라 타 단지 대비 전세가가 높게 형성되어 있는 경우다. 이런 매물을 찾는 게 핵심이다. 그래서 부동산에 가면 이렇게 물어봐야 한다.

"전세 승계 가능한 매물 중에서 갭이 작은 집 있나요?" 이 질문 하나로 선택지가 달라진다.

만약 이런 매물이 잘 보이지 않는다면 두 번째 방법을 생각해볼 수 있다. 임차인이 곧 퇴거하는 집을 사서 내가 직접 신규 전세를 맞추는 방식이다. 이때는 한 가지 지표를 꼭 봐야 한다. 바로 전세매물률이다.

전세매물률은 어렵게 생각할 필요 없다. 그 단지에 전세가 얼마나 부족한지를 보여주는 숫자다. 예를 들어 1,000세대 아파트 단지에 전세매물이 50개 나와 있다면 전세매물률은 5%다. 계산은 단순하다. 전세매물 50개를 전체 세대수 1,000세대로 나누면 0.05가 되고, 여기에 100을 곱하면 5%가 된다. 이 수치가 5% 전후면 보통이다. 하지만 2% 이하라면 이야기가 달라진다. 전세 매물이 부족하다는 뜻이다. 전세를 구하려는 사람은 많은데 나와 있는 집이 적으니 가격이 올라간다. 이런 단지를 찾아서 퇴거 매물을 잡으면 내가 전세를 맞출 때 조금 더 높은 가격에 계약을 할 수 있다.

전세를 높게 맞출수록 내가 실제로 넣어야 하는 돈은 줄어든다. 이게 바로 구조의 힘이다.

그래서 전세매물률은 단순한 숫자가 아니다. 내가 얼마에 전세를 놓을 수 있는지를 가늠하는 기준이다. 전세매물률이 낮은 단지는 전세가가 강하다. 전세가가 강하면 갭이 줄어든다. 갭이 줄어들면 시작이 쉬워진다. 이 연결 구조를 이해해야 한다.

여기서 한 가지 더 눈여겨볼 대상이 있다. 바로 다주택자가 가지고 있는 매물이다. 다주택자가 가진 집은 협상의 여지가 있는 경우가 많다. 이유는 단순하다.

그들에게 집은 '집'이 아니라 '자산'이기 때문이다.

내가 오래 살던 집은 쉽게 가격을 못 내린다. 감정이 붙어 있기 때문이다. 하지만 투자용으로 들고 있는 집은 다르다. 수익률과 자금 회전이 더 중요하다. 그래서 부동산에 가면 꼭 물어봐야 한다. "다주택자 매물 있나요?" 이 질문 하나로 분위기가 달라진다. 협상 가능한 매물이 나올 확률이 높아진다. 하지만 흥정은 방법이 있다. 보자마자 가격을 깎아달라고 하면 효과가 떨어진다. 집을 보고 난 뒤에는 먼저 스스로 결정을 해야 한다.

이 집을 살지 말지 마음속으로 판단을 내린 다음, 바로 연락하지 말고 하루 정도 시간을 두는 게 좋다. 이 하루가 생각보다 중요하다.

집을 보고 바로 "이거 살게요"라고 하면 매도자는 가격을 내릴 이유가 없다. 수요가 확실하다고 느끼기 때문이다. 하지만 하루 정도 지나서 다시 연락이 오면 분위기가 달라진다.

"이 사람이 고민을 많이 했구나." "다른 집이랑 비교했구나."

이 느낌을 주는 게 중요하다. 그때 희망 매매가를 부르는 것이다. 예를 들어 2억 6천만 원에 나온 집이라면 이렇게 말할 수 있다.

"2억 5천만 원에만 맞춰주시면 계약금 바로 넣겠습니다. 조정 한번 부탁드립니다."

여기서 중요한 건 조건이다. 계약금을 빠르게 넣겠다는 말, 계약금을 많이 넣겠다는 말, 잔금을 빨리 치르겠다는 말, 이런 조건이 붙으면 매도자는 흔들린다. 특히 다주택자는 더 그렇다. 여러 채를 운영하다 보면 현금 흐름이 중요하다.

가격이 1천만 원 깎여도 빨리 파는 게 더 중요할 때도 있다. 그 타이밍을 잡아야 한다.

그래서 흥정은 감정 싸움이 아니라 타이밍 싸움이다.

내가 정말 살 사람이라는 신호를 주면서도, 가격에는 민감하다는 느낌을 주는 것이 포인트다.

중개사에게도 내가 실매수자라는 걸 분명히 보여주는 게 좋다. 자금 계획을 구체적으로 설명하고, 계약 가능성이 높은 사람이라는 인상을 남겨야 한다. 그래야 좋은 매물이 먼저 들어온다.


부동산 시장은 생각보다 단순하다. 살 준비가 된 사람에게 기회가 먼저 간다.

결국 전세 낀 매물을 싸게 잡는다는 건 단순히 가격을 깎는 기술이 아니다. 구조를 이해하고, 타이밍을 읽고, 협상의 흐름을 아는 기술이다. 이미 전세가 들어와 있는 집을 잡아 초기 비용을 줄이고, 전세매물률을 보며 신규 전세가를 예측하고, 다주택자 매물을 중심으로 협상 가능성을 찾고, 하루의 시간을 두고 가격을 제시하는 것.

이런 작은 선택들이 쌓여서 매입가가 달라진다. 그리고 매입가가 달라지면 결과가 달라진다.

1단계에서 씨앗을 심는 사람에게는 이 차이가 크다. 처음에 1천만 원, 2천만 원 아끼는 게 작아 보일 수 있다. 하지만 그 돈이 다음 기회의 종잣돈이 된다. 그 돈이 있어야 다음 집으로 점프할 수 있다. 그래서 집을 고르는 눈만큼이나, 사는 타이밍과 방법을 아는 것도 중요하다.

이 작은 기술들이 쌓여서 씨앗이 더 깊게 뿌리내린다. 그리고 그 씨앗이 다음 단계로 올라갈 힘이 된다.

[2단계 : 줄기 뻗기]

*경기도 핵심지로 갈아타기 (광명, 철산, 구성남, 다산)*

*(시기 : 4년 차~8년 차 / 목표 : 서울 근접한 경기도 대장주 선점)*

씨앗이 땅속에서 뿌리를 내리고 자리를 잡았다면, 이제는 줄기를 뻗어야 할 시간이다. 부동산 투자도 똑같다. 첫 집이 씨앗이었다면, 4년이 지난 지금은 줄기가 자라나는 시기다.

이때의 선택이 앞으로 자산 곡선을 완전히 바꿔놓는다. 같은 자리에만 머물러 있으면 크게 자라지 못한다. 더 좋은 땅으로 옮겨 심어야 더 높이, 더 멀리 뻗어나간다.

2단계에서 중요한 건 단순히 "더 비싼 집으로 이사"가 아니다. 목적은 명확하다. 서울과 다름없는 생활권, 서울이 막힐 때도 수요가 빠지지 않는 경기도 대장주를 선점하는 것이다. 여기서부터는 '좋은 집'이 아니라 '좋은 자리'를 사는 단계다. 그리고 좋은 자리는 언제나 동일하다. 서울 접근성(시간), 수요(직장·학군·생활), 거래(팔기 쉬움) 이 세 가지가 동시에 붙는 곳이다.

# 경기도 핵심지로 갈아타기

## (광명, 철산, 구성남, 다산)

(시기 : 4년 차~8년 차 /

목표 : 서울 근접한 경기도 대장주 선점)

# 4년 뒤 매도 타이밍 : 비과세 혜택을 챙기고 과감하게 던져라

### 1) 4년 차~8년 차, 왜 '갈아타기'가 필수인가

첫 집을 비조정대상지역(또는 비교적 규제가 약한 구간)에서 전세를 활용해 매수하고 4년 정도 보유했다면, 이제는 매도와 갈아타기 타이밍이 도래한다. 물론 현실에서는 정책이 수시로 바뀌고, 규제지역 지정이나 과세 기준도 흔들릴 수 있다. 그래서 이 단계에서 가장 중요한 태도는 하나다.

"확정된 규칙을 믿는 게 아니라, 매도 직전에 다시 확인하고 움직인다."

제도는 변한다. 금리도 변한다. 하지만 변하지 않는 건 '갈아타기 타이밍을 놓치면 자산 성장이 멈춘다'는 현실이다. 씨앗을 손에 쥐고 있다고 나무가 되는 건 아니다. 땅에 심고, 때가 되면 더 좋은 땅으로 옮겨 심어야 한다. 이 단계에서 가장 흔한 실패가 뭔지 아는가.

"조금만 더 기다려볼까." 이 말로 1년이 지나고, 또 1년이 지나고, 결국 상승장 끝자락에 매도를 못 하고 하락장에 묶인다. 그리고 다음 단계의 매수 기회를 놓친다.

2단계의 핵심은 단순하다. "수익을 확정하고, 다음 판으로 올라탄다."

## 2) 2단계는 '서울 대체지'가 아니라 '서울 예비군'이다

많은 사람들이 경기도 핵심지를 '서울 대체지'라고 부른다. 말은 맞다. 하지만 2단계에서 노리는 곳은 단순 대체지가 아니다. 서울이 비싸서 밀려나는 사람들이 가장 먼저 모이는 곳, 서울이 막히면 경기도에서 제일 먼저 수요가 붙는 곳. 이게 진짜 경기도 대장주다. 서울과의 체감 거리가 '차로 몇 km'가 아니라 '대중교통으로 몇 분'인지가 핵심이다. 서울 집값은 결국 "출근 가능한가, 시간이 버텨지는가"로 결정된다.

그래서 2단계는 이런 질문으로 정리해야 한다.



이 네 가지 질문에 '예'라고 답할 수 있어야 한다.

### 3) 매도는 '집주인 혼자'가 아니라 '세입자와 같이' 한다

2단계 갈아타기는 '매도 타이밍'이 절반이다. 특히 전세를 끼고 있는 집이라면, 매도는 임차인의 협조가 곧 거래 속도다. 전세 만기(또는 만기 임박 시점)는 매도에 유리한 이유가 있다.

임차인은 보증금을 받아야 이사를 나가고, 집이 팔려야 보증금 반환이 깔끔해지기 때문이다. 그래서 대체로 협조적인 편이다. 여기서 실전 팁은 단순하다.

사례비는 비용이 아니라 '매도의 속도를 높이는 투자'다. 매도가 한 달 빨라지면, 다음 매수 타이밍을 잡을 수 있다. 타이밍이 1회전 당겨지면 그 효과는 몇 백만 원이 아니라 몇 억 원이 되기도 한다. 그리고 매물을 내놓을 때는 단지 내 한 곳만 맡기지 말고, 여러 부동산에 동시에 오픈하는 게 유리하다. 단, 조건은 미리 통일해야 한다.



이걸 정리해두면 거래가 빨라진다.

### 4) 2단계 매수 기준 : "가치가 모이는 집"을 골라라

매도 계약금을 받는 순간부터는 다음 집을 찾아야 한다. 시간을 끌면 기회를 놓친다. 이때는 "살 수 있는 집"이 아니라

"가치가 모이는 집"을 골라야 한다.

2단계에서 가져가야 할 집의 조건은 딱 세 가지다.

1. 서울 접근성이 명확한 교통축
2. 대단지 + 역세권(또는 준역세권)
3. 하락장에도 거래되는 수요 기반(직장·학군·인프라)

여기서부터는 '내가 좋아하는 동네'가 아니라, '남들이 계속 사는 동네'를 사야 한다. 갈아타기의 핵심은 "잘 오르는 집"이 아니라 "잘 팔리는 집"이다.

### 5) 2단계 추천 축 : 7호선과 8호선, 그리고 '대장 자리'

① 광명·철산 : 7호선 라인, 서울과 붙어 있는 경기도의 힘

광명과 철산은 구조가 단순하다. 서울 바로 옆이다. 서울과 생활권이 이어져 있고, 직장 수요가 두텁다. 서울에서 밀려나는 수요가 들어오는 대표 라인이다. 7호선의 장점은 "서울 관통"이다. 업무지구와 연결되기 쉽고, 환승을 통해 여의도·강남 접근도 만들어진다. 그래서 철산, 광명사거리 같은 지역은 "서울 아래 단계" 역할을 한다. 이 라인에서 특히 중요한 건

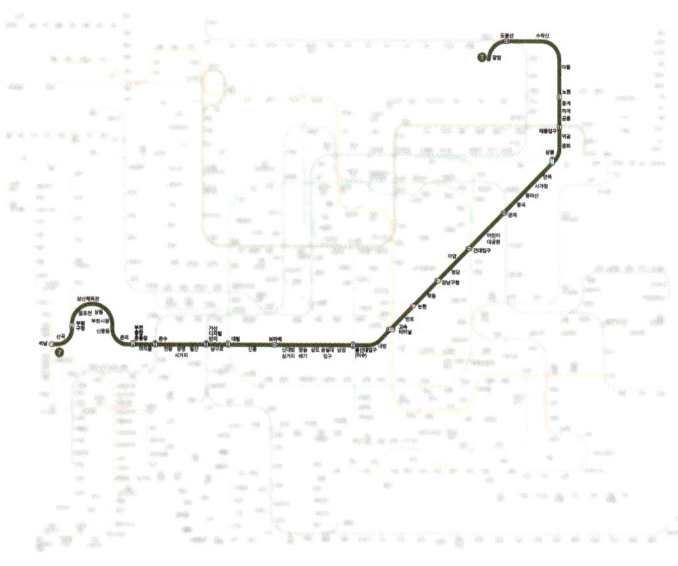

도보 10~15분 이내의 대단지다. 대단지는 거래가 꾸준하다. 거래가 꾸준한 곳이 '가격 방어'를 한다. 그리고 가격 방어가 되는 집이 있어야 다음 점프가 가능하다. 이 단계에서 광명·철산은 이런 의미다. "서울이 막혀도 내 집은 팔린다."

② 구성남 : 8호선(잠실 축), 개발 여지와 대장 자리를 동시에

구성남은 "잠실로 직결되는 생활권"이라는 상징이 크다. 잠실은 강남권의 핵심이고, 강남권 접근성이 좋다는 건 수요의 질이 다르다는 뜻이다. 구성남은 개발이 덜 된 곳이 많아 변화의

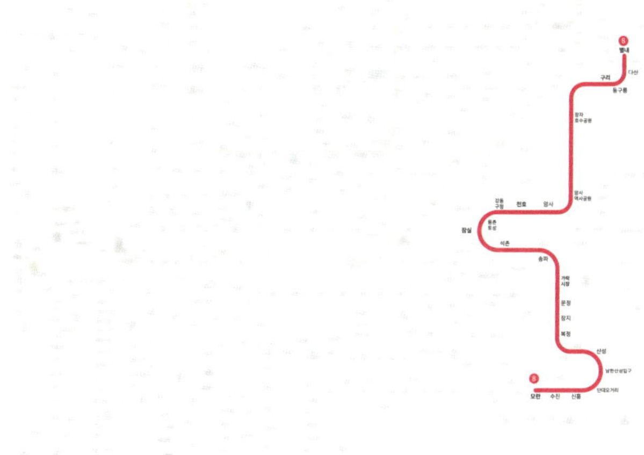

여지도 크다. 그래서 이미 자리 잡은 대단지, 역세권에 가까운 단지는 지역의 중심이 될 가능성이 높다. 여기서 중요한 건 "나중에 대장이 될 자리"를 선점하는 감각이다.

* 교통이 더 좋아질 여지가 있는가

* 생활권 중심축인가(상권·학교·공원)

* 구축이라도 '팔리는 구축'인가

구성남의 2단계 포지션은 이렇게 정리할 수 있다. "잠실권 수요를 내 편으로 만드는 자리"


③ 다산 : 신도시의 힘 + 대단지의 회전력

다산은 대단지 위주로 형성된 신도시다. 이런 곳은 한 번 생활 인프라가 안정되면 수요가 끊기지 않는다. 젊은 세대의 유입이 꾸준하고, 전세 회전도 잘 돈다.


다산을 2단계에서 보는 이유는 단순하다.




2단계에서 다산은 이렇게 기능한다. "하락장에서도 견딜 수 있는 몸통을 만든다."


**6) 2단계에서 반드시 막아야 할 함정 :
옆그레이드, 그리고 '살기 좋은 집' 착각**

2단계의 실패는 대부분 같은 형태로 온다.

이건 대부분 '옆'그레이드다.

2단계는 '생활 업그레이드'가 아니라 '자산 업그레이드'단계다. 집이 좋아지는 것과 자산이 커지는 건 다르다. 이 시기에는 특히 감정이 흔들린다. 자산이 좀 늘었고, 나도 이제 좋은 집에서 살 자격이 있는 것 같고, 주변에서 "이 정도면 됐다"는 이야기도 들린다.

하지만 여기서 방향을 잃으면 16년 로드맵이 흔들린다. 줄기는 방향이 중요하다. 어디로 뻗느냐가 나무의 형태를 결정한다.

### 7) 2단계 결론 : 줄기는 '서울 쪽'으로 굵게 뻗어야 한다

2단계는 결국 방향을 정하는 시기다. 서울과 가까운 곳으로, 사람들이 모이는 곳으로, 돈이 흐르는 방향으로 줄기를 뻗어야 한다. 이 단계에서의 선택이 다음 단계, 즉 서울로 들어가는 발판이 된다. 씨앗은 이미 잘 심었다. 이제는 줄기를 제대로 키워야 한다.

그리고 이 단계에서 당신이 해야 할 결심은 단 하나다. “갈아탈 때는 망설이지 않는다. 내가 올라갈 방향은 서울이다.” 그 방향을 가진 사람만, 3단계에서 서울로 들어간다.

# 서울의 위성도시가 아니라, 확장된 서울이다 : 7호선과 8호선의 가치

앞 챕터에서 10억 원 내외의 예산으로 접근할 수 있는 지역들을 몇 군데 이야기했다. 공통점은 하나였다. 서울 주요 업무지구로의 접근성이 좋다는 점이다. 단순히 "서울이랑 가깝다"는 막연한 느낌의 이야기가 아니라, 실제로 얼마나 빠르게 이동할 수 있는지를 보는 것이 중요하다. 부동산에서 말하는 입지는 감이 아니라 시간으로 증명된다.

결국 부동산의 가치는 지도 위의 거리가 아니라, 출퇴근 시간으로 결정된다. 같은 10km라도 15분이면 도착하는 곳과 50분이 걸리는 곳은 완전히 다른 입지다. 그래서 이 단계에서는 "서울이냐 아니냐"를 보는 게 아니라, "서울에서 몇 분이냐"를 봐야 한다. 이 기준으로 보면 철산, 광명, 구성남, 다산, 구리는 단순한 위성도시가 아니라 이미 서울의 생활권 안에 들어와 있는 지역이다.

조금 더 직관적으로 이해하기 위해 지하철 앱으로 실제 이동시간을 기준으로 생각해보자. 숫자로 보면 왜 이 지역들이 가치가 있는지 훨씬 명확해진다.

철산역에서 가산디지털단지까지는 7호선으로 단 한 정거장이다. 소요시간은 약 2분. 사실상 같은 생활권이라고 봐도 무방하다. 행정구역만 다를 뿐, 직장과 집이 거의 붙어 있는 수준이다. 출퇴근이라는 현실적인 관점에서 보면 이미 서울 안에 살고 있는 것과 크게 다르지 않다.

가산디지털단지는 IT 기업, 제조업, 스타트업, 중견기업이 밀집한 서울의 대표적인 업무지구다. 직장인이 계속 유입되는 구조고, 직장이 있다는 것은 곧 주거 수요가 있다는 뜻이다. 직장 수요가 붙는 지역은 쉽게 무너지지 않는다. 경기가 좋을 때는 물론이고, 경기가 흔들릴 때도 직장 근처에 살고 싶은 사람은 계속 생긴다. 그래서 철산과 광명은 단순한 주거지역이 아니라, 직장 수요가 받쳐주는 입지다.

여기서 한 가지 더 중요한 포인트가 있다. 철산과 광명은 서울 경계에 바로 붙어 있으면서 동시에 대규모 개발이 진행되는 곳이다. 신축 아파트가 들어오고, 정비사업이 이어지고, 도시의 체급이 점점 올라가는 흐름이 만들어지고 있다. 이미 수요가 있는 곳에 개발이 더해지는 구조다. 이런 지역은 시간이 갈수록 더 단단해진다.

철산역에서 여의도 샛강역까지는 약 24분 정도가 걸린다. 신림선으로 1회 환승하면 도착하는 거리다. 여의도는 금융권, 증권사, 대기업 본사가 모여 있는 서울의 핵심 업무지구다. 연봉 수준이 높은 사람들이 모이는 곳이고, 이런 지역으로 출퇴근이 가능한 입지는 항상 일정 수준 이상의 수요가 유지된다. 주거 수요의 질이 다르다는 뜻이다.

7호선을 타고 환승 없이 강남 논현역까지도 이동이 가능하다. 대략 30분대면 도착한다. 이 '환승 없음'이라는 조건이 생각보다 중요하다. 출퇴근은 매일 반복되는 일이기 때문에, 환승이 줄어드는 것만으로도 체감 피로도가 크게 줄어든다. 그래서 강남으로 한 번에 이어지는 노선 주변은 항상 수요가 유지된다. 강남으로 이어진다는 사실 자체가 입지의 힘이다. 대한민국에서 가장 큰 업무지구는 여전히 강남이고, 강남으로 접근성이 좋은 지역은 항상 가격이 형성된다.

이렇게 보면 철산과 광명은 더 이상 경기도 외곽이 아니다. 서울 바로 옆에서 서울로 출퇴근하는 사람들이 모여 사는 확장된 서울이라고 보는 게 맞다. 7호선 라인 중에서도 10억 원 내외로 접근 가능한 구간이라는 점까지 생각하면, 현실적인 2단계 선택지로서의 의미가 분명하다.

이번에는 8호선을 보자. 구성남 남한산성입구역 기준으로 잠실까지는 환승 없이 약 18분이면 도착한다. 20분도 채 걸리지 않는 거리다. 잠실은 단순한 주거지역이 아니다. 롯데월드타워를 중심으로 상업, 업무, 문화, 관광이 결합된 대형 중심지다. 이곳으로 빠르게 이동할 수 있다는 것은 이미 강남권 생활권에 들어와 있다는 의미다.

잠실에서 2호선으로 갈아타면 강남 중심부까지도 이어진다. 남한산성입구역에서 삼성역까지는 1회 환승 기준 약 30분 전후다. 이 정도면 충분히 현실적인 출퇴근 거리다. 실제로 구성남에서 강남으로 출퇴근하는 사람들이 적지 않다. 그래서 8호선 라인이 비싼 것이다. 단순히 서울과 가깝다는 이유가 아니라, 실제로 강남 생활권으로 묶이기 때문이다.

구성남은 아직 개발이 진행 중인 지역이 많다. 오래된 주거지와 새로 들어서는 대단지가 섞여 있는 구조다. 이런 지역은 시간이 지나면서 급지가 한 단계 올라가는 특징이 있다. 처음에는 "서울 옆 동네"라는 인식이지만, 개발이 진행되고 환경이 정비되면 "서울 생활권"이라는 인식으로 바뀐다. 그 인식의 변화가 가격의 변화를 만든다.

그래서 이 시기의 진입이 중요한 것이다. 이미 완성된 다음에 들어가는 것이 아니라, 변화가 진행되는 구간에서 자리를 잡는 것이 2단계의 핵심이다.


8호선을 따라 북쪽으로 올라가면 다산이 나온다. 다산은 신도시답게 도로와 상업시설, 주거환경이 깔끔하게 정리되어 있다. 대단지 아파트 비율이 높고, 생활 인프라가 빠르게 자리 잡았다. 신도시 특유의 정돈된 느낌이 있다.

다산역에서 8호선을 타면 잠실까지 환승 없이 약 23분 정도면 도착한다. 20분대 초반이라는 숫자는 상당히 의미가 크다. 서울 안에서도 출퇴근 시간이 30~40분 걸리는 경우가 많다는 걸 생각하면, 체감 거리로는 이미 서울 안에 들어와 있다고 느껴지는 수준이다.

다산에서 삼성역까지도 1회 환승 기준 약 35~40분 정도면 도착한다. 강남 접근성도 충분히 확보된 거리다. 여기에 더해 중요한 포인트가 하나 더 있다. 다산에서 한 정거장만 이동하면 별내역이 나오고, 이곳에는 GTX-B 노선이 예정되어 있다.

GTX는 단순한 지하철이 아니다. 도시 간 이동 시간을 통째로 줄여버리는 급행 철도다. GTX-B가 개통되면 별내에서 청량리, 서울역, 용산, 여의도까지 빠르게 연결된다. 이 말은 곧 다산이 강남뿐만 아니라 여의도 접근성까지 동시에 확보하는 지역이 된다는 뜻이다. 지금은 잠실 중심의 생활권이지만, 시간이 지나면 서울 핵심 업무지구 전체로 확장되는 구조가 만들어진다.

그래서 다산은 단순한 신도시가 아니다. 현재는 '서울로 출퇴근 가능한 외곽 신도시' 정도로 보일 수 있지만, 교통이 완성되는 순간 '서울 주요 업무지구와 직접 연결된 도시'로 성격이 바뀐다. 이런 변화가 생기는 지역은 시간이 지날수록 급지가 올라간다.

결국 이 챕터에서 말하고 싶은 핵심은 이것이다. 철산, 광명, 구성남, 다산은 서울의 위성도시가 아니라 이미 확장된 서울이라는 점이다. 행정구역만 다를 뿐, 실제 생활권과 이동시간을 보면 서울 주요 업무지구와 거의 붙어 있는 구조다.

사람이 몰리는 곳은 결국 직장이다. 직장으로 빠르게 이동할 수 있는 곳은 항상 수요가 유지된다. 수요가 유지되는 곳은 가격이 쉽게 무너지지 않는다. 그래서 7호선과 8호선 라인을 보는 것이다.

이 노선들은 단순한 교통수단이 아니라, 사람들이 어디로 이동하고 어디에 모이는지를 보여주는 흐름이다. 그 흐름을 따라가면 자산이 자라는 방향이 보인다. 그리고 2단계에서 해야 할 선택은 바로 그 흐름 위에 올라타는 것이다.

# 재개발·재건축의 속도전 : 철산과 구성남이 천지개벽하는 순간

신축 아파트는 단순히 '새로 지어진 집'이 아니다. 그것은 도시의 체질을 바꾸는 수술에 가깝다. 오래된 주거지에 새 건물이 몇 채 들어서는 정도가 아니라, 생활의 방식과 지역의 이미지, 그리고 사람들의 인식 자체를 통째로 바꾸는 변화다. 그리고 이 수술이 제대로 효과를 내려면 반드시 필요한 조건이 있다. 바로 스케일이다.

한두 동이 바뀌는 수준으로는 동네의 분위기가 달라지지 않는다. 하지만 낡은 저층 주택과 오래된 구축 아파트들이 대단지 신축으로 한꺼번에 갈아엎어지는 순간, 그 지역의 급지는 한 단계가 아니라 두 단계씩 뛰어오르기도 한다. 길이 넓어지고, 상권이 생기고, 사람이 바뀌고, 결국 동네의 성격 자체가 달라진다. 투자자는 바로 이 '천지개벽'의 타이밍을 읽을 줄 알아야 한다.

부동산 가격이 오르는 원리는 생각보다 단순하다. 많은 사람들이 내 집이 실거래가를 찍어야 가격이 오른다고 생각하지만, 실제 시장은 그렇게 움직이지 않는다. 오히려 옆 단지, 옆 블록에서 거래가 먼저 터지면서 내 집 호가가 따라 움직이는 경우가 훨씬 많다. 내 집이 팔리지 않아도, 옆집이 팔리면 가격은 올라간다. 그게 시장이다.

서울의 대표적인 뉴타운 지역들을 떠올려보면 이해가 쉽다. 과거 뉴타운이 막 개발되기 시작했을 때, 처음에는 한두 구역만 움직였다. 하지만 시간이 지나면서 신축 단지들이 줄줄이 들어서자 동네 전체가 '신축 생활권'으로 재평가되기 시작했다. 예전에는 "여긴 낡은 동네니까 싸야지"라는 인식이 강했던 곳들이 어느 순간 "여긴 신축 벨트야"라는 하나의 이미지로 묶였다. 그때부터는 가격이 계단식이 아니라, 면 단위로 움직이기 시작했다.

이 현상을 '가격의 균질화'라고 한다. 특정 단지 하나가 아니라, 생활권 전체의 가격대가 비슷하게 맞춰지는 흐름이다.

내 집이 거래되지 않아도, 옆 단지에서 실거래가가 찍히면 내 집 호가가 올라간다. 마치 물이 끓기 시작하면 한쪽에서만 끓는 것이 아니라 냄비 전체가 동시에 들썩이듯, 지역 전체가 같은 방향으로 움직인다. 그리고 이 균질화가 시작되는 순간이 바로 상승의 초입이다.

이런 관점에서 보면 철산과 구성남은 단순히 서울의 위성도시라고 부르기 어려운 위치에 와 있다. 예전에는 서울에서 밀려난 사람들이 거주하는 외곽 주거지라는 이미지가 강했다면, 지금은 서울 생활권이 바깥으로 확장되면서 새롭게 중심이 만들어지는 구간에 가깝다. 서울이 넓어지고 있는 것이다. 과거에는 강북에서 강남으로, 강남에서 분당으로 중심이 이동했다면, 이제는 서울 경계선을 따라 다시 한 번 확장이 이루어지고 있다. 그 축이 바로 7호선과 8호선 라인이다.

철산은 철산역과 광명사거리역을 중심으로 정비사업이 이어지는 구조를 갖고 있다. 이 '이어진다'는 것이 중요하다. 정비사업이 여기 하나, 저기 하나 떨어져 있으면 변화는 점으로 끝난다. 하지만 여러 구역이 맞물리며 동시에 움직이면 점이 선이 되고, 선이 면이 된다. 면이 되는 순간, 동네의 체감이 완전히 달라진다.

사람들은 "저 아파트가 좋아졌다"라고 말하지 않는다. 대신 "그 동네가 바뀌고 있더라"라고 말하기 시작한다. 인식이 바뀌는 순간 시장의 가격표도 바뀐다. 같은 아파트라도 '낡은 동네의 구축'으로 인식될 때와 '신축 생활권으로 바뀌는 동네의 구축'으로 인식될 때는 평가가 완전히 달라진다.

철산 일대는 오래된 주공단지들이 밀집해 있었던 대표적인 주거벨트다. 시간이 지나면서 노후화가 진행되었고, 자연스럽게 재건축 흐름이 시작됐다. 중요한 점은 이 지역의 변화가 단지 하나에서 끝나는 구조가 아니라는 것이다. 여러 단지가 동시에 체급을 키우며 대단지로 바뀌는 흐름을 타고 있다. 이런 지역은 변화의 속도가 빠르다.


신축이 들어오면 그 주변 구축의 가격이 같이 움직인다. 신축이 늘어나면 상권이 커지고, 상권이 커지면 학군과 생활 인프라가 따라온다. 사람들의 소비가 늘어나고, 유동 인구가 늘어나고, 동네의 분위기가 달라진다. 마치 마른 숲에 불이 붙으면 한 지점에서만 타는 것이 아니라 순식간에 숲 전체로 번지는 것처럼, 변화는 연쇄적으로 이어진다.

광명 일대의 재개발 흐름까지 겹치면 이 변화는 더욱 커진다. 하나의 단지가 바뀌는 것이 아니라, 넓은 범위의 주거지가 동시에 재편되는 구조다. 시간이 흐르면 그 일대는 수만 세대 규모의 신축 중심 주거벨트로 변한다. 이것은 단순한 주거환경 개선이 아니라 도시가 다시 태어나는 과정에 가깝다.

이 정도 규모가 되면 동네의 체급 자체가 달라진다. 예전에는 서울 옆의 낡은 주거지라는 이미지였다면, 시간이 지나면서 서울과 붙어 있는 대단지 신축 생활권이라는 이미지로 바뀐다. 그리고 시장은 이 변화를 가격으로 반영한다. 그래서 이런 구간에서는 상승장이 오면 움직임이 크게 나타난다.

구성남도 같은 흐름 위에 있다. 많은 사람들이 여전히 이 지역을 오래된 구도심으로 기억하고 있지만, 실제로는 원도심 전체가 새로 정비되는 흐름이 이어지고 있다. 특히 8호선을 따라 이어지는 생활권은 노후 주거지 비율이 높았던 만큼 재개발이 진행되면 변화의 폭도 크게 나타나는 특징이 있다.


이 지역 역시 한두 구역이 아니라 여러 정비사업이 이어지는 구조를 보인다. 그래서 시간이 지나면서 동네 전체가 신축 중심의 주거벨트로 재편되는 흐름이 만들어진다. 낡은 주택이 사라지고, 대단지 아파트가 들어오고, 상권이 다시 형성되고, 사람들이 바뀐다. 동네의 나이 자체가 젊어지는 것이다.

이 과정에서 중요한 것은 단순한 공급량이 아니다. '거래가 만들어지는 판' 자체가 커진다는 점이다. 대단지가 들어오면 거래가 늘어난다. 거래가 늘어나면 비교 단지가 생긴다. 비교 단지가 생기면 가격의 기준이 만들어진다. 구축 중심 시장에서는 가격이 들쭉날쭉하지만, 신축 대단지가 늘어나면 그 지역만의 시세가 또렷하게 형성된다.

이것이 바로 가격 균질화다. 서울의 뉴타운이 그랬고, 지금은 철산과 구성남이 그 길을 따라가고 있다.


여기서 '속도전'이라는 표현이 나오는 이유가 있다. 재개발과 재건축은 원래 긴 시간과 싸우는 사업이다. 하지만 긴 흐름 속에서도 어느 순간 속도가 붙는 구간이 있다. 정비가 가시화되고, 이주가 시작되고, 공사가 눈에 보이기 시작하는 시점이다. 그때 시장의 기대감이 가격에 먼저 반영된다. 완공이 다 된 뒤에 움직이는 것이 아니라, 동네가 바뀌기 시작하는 순간부터 가격은 반응한다.

마치 겨울이 끝나고 봄이 오기 직전, 아직 꽃이 피지도 않았는데 공기가 달라지는 순간이 있다. 사람들은 그때 봄이 왔다는 것을 느낀다. 재개발 지역의 가격도 비슷하다. 완성된 뒤가 아니라, 변화가 시작되는 그 순간부터 움직인다.

결국 이 지역의 핵심은 어느 단지를 고르느냐가 아니다. 어느 생활권 위에 올라타느냐의 문제에 가깝다. 단지 하나를 맞추는 게임이 아니라, 대규모 정비가 한꺼번에 몰려오는 흐름 위에 올라타는 게임이다. 낡은 주거지들이 신축 대단지로 스케일 있게 바뀌는 순간, 그 동네는 더 이상 예전의 동네가 아니다.

지도 위에서 점으로 흩어져 있던 변화들이 선으로 이어지고, 선이 면으로 확장되는 순간 시장은 그 지역을 새로 평가하기 시작한다. 그리고 그 변화가 완성되면 그 일대는 수만 세대 규모의 신축 중심 주거벨트로 자리 잡게 된다.

그때부터는 더 이상 "서울 옆 동네"가 아니라, 서울 생활권 안의 또 하나의 중심으로 인식되기 시작한다. 그리고 바로 그 지점이, 자산이 한 단계 도약하는 구간이 된다.

# 아직 서울은 아니지만, 서울만큼 오르는 곳을 찾는 기준

서울 아파트 평균 가격이 15억 원을 넘나드는 구간에 들어서면서, "서울은 너무 비싸서 못 들어가겠다"는 말이 자연스러워졌다. 맞다. 이제 서울은 '진입' 자체가 쉽지 않은 시장이 됐다.

그렇다고 기회가 사라진 건 아니다. 오히려 이때부터는 시선을 한 칸만 바깥으로 돌리면, 서울과 같은 속도로 움직이는 '확장 서울'이 보인다.

다만, 줄기 단계(4~8년 차)는 씨앗 단계(0~4년 차)와 기준이 완전히 달라진다. 이제는 "싸게 사는 지역"이 아니라 "크게 자라는 지역"을 골라야 한다.

### 1) 줄기 단계의 핵심 기준은 2개뿐이다
① 교통(시간) ② 개발 스케일(면)

① 교통은 '거리'가 아니라 '시간'이다

"서울이랑 가깝다"는 말은 의미 없다. 줄기 단계에서 중요한 건 서울 핵심 업무지구까지 '몇 분'이냐다.

> * 강남
>
> * 여의도
>
> * 한양 원도심

이 3개 중 '최소 2개 이상이 빠르게 닿는 곳'은, 시장이 흔들려도 수요가 쉽게 꺼지지 않는다.

수요가 꺼지지 않는 곳은 결국 가격이 버틴다. 그리고 상승장 때 폭발한다.

② 개발은 '점'이 아니라 '면'이어야 한다

단지 하나 바뀌는 건, "좋은 아파트 하나 생김"으로 끝난다.

하지만 여러 구역이 동시에 움직이면 이야기가 달라진다.



줄기 단계에서는 그래서 천지개벽 '할' 곳 말고 천지개벽 '진행 중인' 곳을 봐야 한다.

가림막이 서고, 철거가 들어가고, 크레인이 올라가고, 분양이 이어지는 곳.

이건 멈추기 어렵다. 이미 돈이 들어왔고, 방향이 정해졌기 때문이다.

### 2) "서울 옆"이 아니라 "서울의 확장"인지 체크하는 질문 7개

이 질문에 YES가 많을수록 서울처럼 움직인다.

1. 강남/여의도/광화문 중 2곳 이상이 "출퇴근 가능 시간"인가?

2. 환승 1번 이하로 핵심지 접근이 가능한가?

3. 역세권에 대단지 실거주 수요가 두텁게 있나?

4. 정비사업이 여러 구역이 '연속'으로 이어지나? (점이 아닌 선/면)

5. "계획"이 아니라 현장 변화(철거/이주/착공)가 보이나?

6. 신축이 들어오며 상권·학군·생활 인프라가 같이 커질 구조인가?

7. 하락장이 와도 '팔리는 집'(역세권/대단지/브랜드/초품아)에 속하나?

줄기 단계는 "가격이 비싸 보이는데도 사람들이 계속 사는 이유"가 있어야 한다. 그 이유가 바로 시간 + 스케일이다.

### 3) 왜 철산·광명·구성남 같은 곳이 '줄기'인가

이 지역들의 공통점은 하나다.

* 서울 핵심 수요(직장 수요)가 실제로 들어올 수 있는 시간대

* 정비사업 스케일이 크고, 연속적이며, 진행 중

* 그래서 '위성도시'가 아니라 생활권 자체가 서울로 묶이는 중

즉, 줄기 단계에서 필요한 건 "서울 대체지"가 아니라 "서울

확장지"다.


### 4) 줄기 단계의 결론: "서울이냐 아니냐"로 판단하면 늦는다


이 시기에는 이렇게 봐야 한다.



줄기는 방향이다. 줄기를 잘 뻗으면, 다음 8~12년 차에 서울 진입이 "꿈"이 아니라 "수순"이 된다. 그리고 마지막으로 한 문장만 기억해라.

'싸게 사는 건 씨앗 단계의 기술이고,

서울만큼 오르는 구조를 잡는 건 줄기 단계의 실력이다.'

# 갈아타기의 핵심은 '매도'와 '매수'의 간격을 줄이는 것이다

갈아타기의 본질은 단순하다. 비싸게 팔고, 싸게 사는 것이다. 이 한 문장 안에 갈아타기의 모든 핵심이 들어 있다. 하지만, 이 단순한 원리를 실제로 해내는 사람은 많지 않다.

많은 사람들이 집을 파는 데 시간을 다 쓰고, 마음이 급해져서 다음 집을 비싸게 사버리기도 한다. 반대로 좋은 매물을 발견했지만 기존 집이 팔리지 않아 기회를 놓치는 경우도 많다. 그래서 갈아타기에서 가장 중요한 것은 타이밍이다. 그리고 그 타이밍의 핵심은 바로 하나다.

'매도와 매수의 간격을 최대한 줄이는 것.'

이 간격이 좁을수록 자산이 커지는 속도는 빨라진다. 같은 자산 규모를 가진 사람이라도 이 과정을 얼마나 잘 해내느냐에 따라 결과는 완전히 달라진다. 씨앗이 줄기가 되는 속도도 달라지고, 줄기가 꽃을 피우고 열매를 맺는 시점도 달라진다. 결국 마지막에 손에 쥐게 되는 자산의 크기도 달라진다. 갈아타기는 단순한 이동이 아니라, 자산을 한 단계 끌어올리는 과정이다.

그리고 그 과정은 '잘 파는 것'에서부터 시작된다.


먼저 매도 이야기부터 해보자. 집을 잘 파는 사람들의 공통점은 단순하다.

'많은 부동산에 매물을 맡긴다.'

부동산도 결국 장사다. 팔기 쉬운 매물, 연락이 잘 되는 집주인, 집을 보여주기 편한 매물부터 먼저 소개하게 되어 있다. 그래서 매도를 맡길 때는 단순히 한두 곳에만 맡겨서는 안 된다.

단지 내 상가 부동산은 기본이고, 주변 지역까지 포함해서 가능한 한 많은 곳에 매도 의사를 알리는 것이 좋다. 이때 중요한 건 형식이 아니라 '집주인이 직접 움직인다'는 태도다.

문자 한 통으로도 충분히 시작할 수 있다. 예를 들어 이런 식이다.

"저 ○○아파트 ○동 ○호 집주인 ○○○입니다.

매도 의뢰드립니다.

희망 매매가격은 ○○원입니다.

현재 거주 중인 임차인은 집을 언제든지 보여줄 수 있는 상황입니다.

임차인 연락처는 000-0000-0000이며,

궁금한 점 있으시면 언제든 연락 부탁드립니다."

이 문자의 핵심은 하나다. 내가 직접 소유주라는 것을 분명히 밝히는 것.

공동중개를 하려는 중개사로 오해받지 않도록, 실제 집주인이라는 점을 명확하게 전달해야 한다. 그래야 부동산에서도 신뢰를 갖고 매물을 다룬다. 그리고 이런 문자를 가능한 한 많은 부동산에 보내는 것이 좋다. 같은 단지 안에서도 중개사마다 손님층이 다르다. 많이 알릴수록 거래의 가능성은 높아진다. 여기서 가장 중요한 준비가 하나 있다. 바로 임차인과의 관계다.

집을 잘 보여주는 매물은 생각보다 빨리 팔린다. 반대로 집을 보여주기 어렵거나 방문이 불편한 매물은 아무리 좋아도 거래 속도가 느리다. 그래서 매도를 시작하기 전, 임차인과 충분히 이야기해두는 것이 중요하다. 집을 팔 계획이 있다는 점을 먼저 설명하고, 부동산에서 연락이 갈 수 있다는 점을 미리 안내해두자.

그리고 솔직하게 부탁해야 한다. 집을 밝게 해놓고, 방문 요청이 오면 최대한 협조해달라고 말이다. 가능하다면, 소소한 사례를 준비하는 것도 좋다. 집을 보여주는 과정에서 불편함이 생길 수 있으니, 감사의 표시로 소정의 사례를 드리겠다고 말하면 분위기가 훨씬 부드러워진다.


매도는 집주인 혼자 하는 것이 아니다. 임차인과 함께 만들어가는 과정이다.

이 관계가 잘 정리되어 있으면 매도 속도는 눈에 띄게 빨라진다. 가격 설정도 매우 중요하다.

무조건 비싸게 내놓는다고 해서 잘 팔리는 것은 아니다. 반대로 너무 낮게 내놓으면 손해를 본다. 그래서 기준을 잡아야 한다. 이때 참고해야 할 것은 과거 실거래가보다, '지금 나와 있는 매물들의 가격'이다. 실거래가는 이미 끝난 거래다.

지금 시장에서 경쟁하고 있는 가격은 현재 올라와 있는 매물의 가격이다.

같은 평형이라도 층에 따라, 향에 따라, 동 위치에 따라, 뷰에 따라 가격은 달라진다.

탑층인지, 중층인지, 남향인지, 동간 거리가 넓은지 같은 조건들이 전부 영향을 준다.


그래서 현재 매물 가격대를 기준으로 내 집의 장점과 단점을 더하고 빼면서 가격을 정해야 한다. 시세 안에서 경쟁력 있는 가격. 이게 가장 현실적인 전략이다.


이제 매수 이야기로 넘어가 보자. 잘 사는 방법의 핵심은 한 단어로 정리된다.

"발품"

이건 아무리 강조해도 지나치지 않다. 가끔 단지를 한 바퀴 둘러보고, 근처에서 밥 한 끼 먹고 돌아온 뒤 "임장 다녀왔다"라고 말하는 경우가 있다. 그건 분위기만 보고 온 것이다.

진짜 임장은 다르다. 먼저 포털사이트에서 매물과 호가를 확인하고, 실거래 흐름을 파악한다.

그다음 현장에서 걸어본다. 초등학교까지 실제로 몇 분이 걸리는지, 지하철역까지 몇 분인지,

학원가는 어디에 있는지, 마트와 상권은 어디에 형성되어 있는지.

직접 걸어보지 않으면 절대 알 수 없다. 그리고 그다음이 핵심이다. 부동산이다.

단지 내 상가만 돌아도 보통 8~10곳 정도가 있다. 여기에 인근 단지까지 포함하면 15곳 이상은 금방 돈다. 이 과정이 귀찮게 느껴질 수 있다. 하지만 바로 여기에서 급매가 나온다.

급매는 포털에 잘 올라오지 않는다. 올라오는 순간 팔려버리기 때문이다. 그래서 현장에 있는 사람이 먼저 알게 된다. 중개사가 조용히 이야기해주는 경우도 있다.

"지금 급하게 정리하려는 물건 하나 있는데, 한번 보시겠어요?"

이 말은 현장에 있는 사람에게 먼저 떨어진다.

흥정도 중요한 기술이다. 집주인이 내놓은 가격은 희망가격일 뿐이다. 정답이 아니다.

마음속으로 결정을 했다면 그때는 화끈하게 조건을 제시해도 된다.

"이 가격까지 맞춰주시면 바로 계약금 넣겠습니다."

이 한 문장이 생각보다 강력하다. 매도인은 가격만 보는 게 아니다. 거래의 안정성과 속도도 중요하게 본다. 그래서 계약금을 조금 더 많이 넣겠다, 잔금을 빠르게 치르겠다, 이런 조건들이 협상 카드가 되기도 한다. 매물이 많은 단지일수록 흥정의 여지는 커진다. 세대수 대비 매물이 많다는 건 비교 가능한 선택지가 많다는 뜻이기 때문이다. 이럴 때는 매수자가 조금 더 유리해진다.

결국 갈아타기의 핵심은 다시 하나로 돌아온다.

'매도와 매수의 간격을 줄이는 것.'

비싸게 팔고, 싸게 사고, 그 사이 시간을 줄이는 것. 이 간격이 벌어질수록 자산이 커지는 속도는 빨라진다. 같은 시장 속에서도 이 과정을 잘 해낸 사람은 씨앗이 줄기가 되는 속도가 빠르고, 줄기가 꽃을 피우는 시점도 빠르다. 그리고 결국 맺히는 열매의 크기도 달라진다. 갈아타기는 단순한 이동이 아니다. 자산의 단계를 한 번 끌어올리는 과정이다.

그 과정에서 얼마나 잘 팔고, 얼마나 잘 사느냐가 앞으로의 방향을 결정한다.

그리고 그 차이는 결국, 얼마나 많이 움직였고 얼마나 긴 시간을 들였느냐에서 만들어진다.

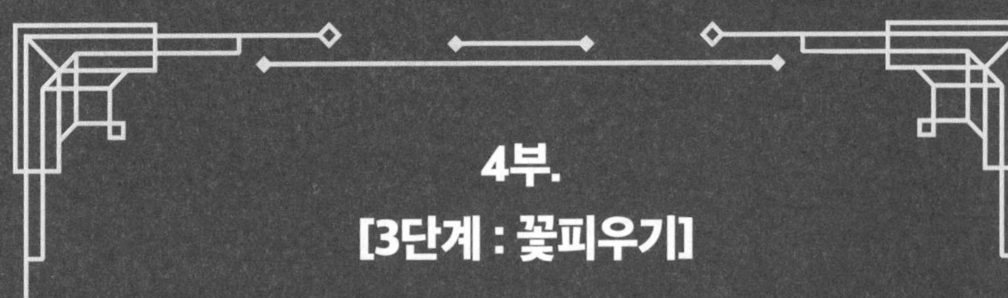

# 4부.
## [3단계 : 꽃피우기]

# 인서울 뉴타운 진입
## (신길, 상도, 뉴타운)

(시기 : 8년 차~12년 차 /

목표 : 드디어 '서울' 주소지를 갖다)

# 마침내 서울 입성 :
## 이제부터는 입지가 계급이다

모든 것에는 순서가 있다. 씨앗을 뿌리는 시기가 있고, 줄기를 키우는 시간이 있으며, 마침내 꽃을 피우는 순간이 온다. 그 순서를 거스르려는 순간, 인생은 과부하가 걸린다. 준비되지 않은 상태에서 상급지만 바라보게 되면 선택지는 점점 좁아지고, 결국 마음에 들지 않는 선택을 하게 된다.

예산이 충분하지 않은데도 무리해서 서울만 바라보다 보면, 어느 순간 선택지가 왜곡되기 시작한다. 팔기 어려운 비역세권 소형 단지, 수요가 적은 나홀로 아파트, 이름만 '서울'인 외딴 입지로 눈이 가기 시작한다. 주소는 서울이지만 삶의 동선은 여전히 멀고, 생활의 밀도는 낮은 곳으로 흘러가게 된다. 그 순간이 가장 위험하다. 조급함이 만든 선택은 몇 년의 시간을 되돌려 놓기도 한다.

그래서 이 단계까지 버티며 올라온 사람이라면 절대 그런 실수를 해서는 안 된다. 지금까지의 시간은 참고, 모으고, 견디는 시간이었다. 씨앗을 심고 줄기를 키우는 시간이었다. 하지만 이제는 다르다. 줄기가 충분히 자랐다면 이제는 꽃을 피울 시기다.

바로 서울 입성이다. 과거에는 태어난 신분이 계급을 나눴다면, 지금 자본주의 사회에서는 입지가 계급을 나눈다. 어디에 사느냐가 곧 나의 위치가 되고, 나의 명함이 되고, 나의 삶의 방향을 결정한다.

서울 입성을 떠올리는 것만으로도 가슴이 조금은 뛰지 않는가. 드디어 나도 서울에 내 집을 갖는구나. 그것도 그냥 서울이 아니라, 사람들이 인정하는 입지에. 처음 집을 샀던 날을 떠올려 보자. 그때는 그저 시작이었고, 버티기였고, 희망이었다. 그때의 선택은 '어디든 올라타는 것'이 목표였다. 하지만 지금은 다르다. 지금의 매수는 한 단계 위로 올라가는 선택이다. 인생의 판을 한 번 더 바꾸는 선택이다. 씨앗을 뿌리고 줄기를 키워온 8년의 시간 동안 당신은 분명 달라졌다. 이 시간은 결코 짧지 않다. 그 사이 당신은 꾸준히 저축을 해왔을 것이다.

월급이 조금씩 오르고, 상여가 붙고, 생활의 리듬도 안정되었을 것이다. 처음에는 3억 원대 집을 보던 사람이 이제는 10억 원을 이야기하고, 어느 순간 15억 원이라는 숫자도 현실적인 선택지로 느껴지기 시작했을 것이다.

대출을 바라보는 은행의 시선도 달라졌을 것이다. 처음에는 한도가 부족해 늘 아쉬웠지만, 시간이 흐르며 소득이 쌓이고 신용이 쌓이면서 대출력도 함께 커졌을 것이다.

사업을 하는 사람이라면 더 극적으로 변했을 수도 있다. 처음 몇 년은 버티는 시간이었다면, 어느 순간부터 매출이 안정되고 현금 흐름이 생기며 자산을 불릴 수 있는 힘이 생겼을 것이다.

그 시간 동안 정권도 한 번 이상은 바뀌었을 것이고, 정부 정책도 여러 번 바뀌었을 것이다. 금리가 오르기도 하고 내려가기도 했고, 시장은 상승장과 하락장을 반복했다. 그 모든 변화를 당신은 직접 겪어왔다. 이제는 뉴스를 보는 눈도 달라졌을 것이다.

정부 정책 하나가 시장에 어떤 영향을 미치는지, 금리가 오르면 왜 거래가 줄어드는지, 공급 이야기가 나오면 왜 사람들이 술렁이는지 어렴풋하게나마 감각이 생겼을 것이다.

상승장을 만나 들뜨기도 했고, 하락장과 횡보장을 만나 불안해지기도 했을 것이다. 집값이 미친 듯이 오르는 시기를 보며 조급함을 느끼기도 했고, 반대로 조용히 멈춰 있는 시장을 보며 '내가 제대로 가고 있는 게 맞나' 스스로를 의심하기도 했을 것이다.

그래도 버텼다. 그래서 여기까지 왔다. 임장을 몇 번이나 다녔는지 스스로도 셀 수 없을 것이다. 주말마다 낯선 동네를 걸었고, 지도와 시세를 비교했고, 비 오는 날에도 역에서 단지까지 걸어보며 '이 길을 매일 다닐 수 있을까'를 상상해봤을 것이다.


그 수많은 발걸음이 쌓여 지금의 당신을 만들었다. 이제는 단순히 집을 보는 눈이 아니라 입지를 읽는 감각이 생겼을 것이다. 그래서 지금이다. 이제는 15억 원에서 20억 원 사이의 집을 볼 시기다. 이 가격대는 단순히 비싸진 집이 아니다. 서울에서 중위권 이상의 입지로 올라탈 수 있는 티켓이다. 서울 안에서도 입지 전쟁은 가장 치열하다. 같은 서울이라도 어디에 사느냐에 따라 삶의 밀도가 완전히 달라진다.

출퇴근 시간의 피로도, 만나는 사람들의 결, 아이의 교육 환경, 그리고 무엇보다 앞으로의 자산 상승의 방향이 달라진다. 내가 어디 사느냐가 곧 나의 신분이 되고, 나의 명함이 된다.

이 말이 불편할 수도 있다. 하지만 현실은 이미 그렇게 돌아가고 있다.

그래서 이 시기는 단순한 갈아타기가 아니다. 인생의 좌표를 다시 찍는 과정이다. 삶의 중심을 옮기는 선택이다. 물론 상급지로 가는 과도기는 여전히 계속된다. 이 선택이 끝이 아니라 또 다른 시작이다. 하지만 그렇기에 더 신중해야 한다. 지금까지 씨앗을 뿌릴 때도, 줄기를 키울 때도 결국 기준은 하나였다.

강남 접근성, 여의도 접근성, 광화문 접근성.

사람이 모이는 곳, 일자리가 있는 곳, 돈이 흐르는 곳.

꽃을 피우는 단계도 마찬가지다. 인서울 안에서도 주요 업무지구와 가까운 곳을 봐야 한다. 현재의 편의뿐 아니라, 미래의 가치까지 함께 봐야 한다. 서울 뉴타운이라는 말에는 단순한 개발의 의미 이상이 담겨 있다. 낡은 도시가 새롭게 태어나고, 사람이 모이고, 인프라가 만들어지고, 시간이 흐를수록 그 지역의 가치가 단단해진다.

그 변화의 초입에 들어가는 것이 이 단계의 핵심이다. 입지는 결국 시간이 흐를수록 계급이 된다. 그리고 그 계급은 쉽게 내려오지 않는다. 좋은 계급에 등기를 치자.

그동안 열심히 살아온 당신이라면 급여가 올랐고, 저축을 했고, 대출을 감당할 힘도 생겼을 것이다. 사업을 하는 사람이라면 이 시기에 맞춰 더 열심히 뛰었을 것이고, 꽃을 피우기 위한 자금을 만들었을 가능성이 크다.

적어도 이 책을 읽고, 실행하고, 버텨온 사람이라면 이미 그 길 위에 서 있다. 이제는 스스로에게 물어볼 차례다. 나는 어느 동네에서 살고 싶은가. 나는 어떤 환경 속에서 살아가고 싶은가. 그리고 그 선택은 당신의 다음 10년을 결정하게 될 것이다.

상상해보라. 서울의 한 뉴타운, 역에서 내려 단지로 걸어들어가는 당신의 모습을.

중개사무소 문을 열고 들어가 "이 동네 매물 좀 보여주세요."라고 말하는 그 순간을.

지도 위에서만 보던 동네가 이제는 당신의 삶이 될지도 모른다는 기대감. 그 설렘과 긴장, 그리고 묘한 자부심. 계약서를 쓰기 전, 단지 앞에 잠시 서서 '여기가 내 집이 될 수도 있겠구나'라고 생각하는 그 순간. 그 순간이 바로 당신이 꽃을 피우기 시작한 순간이다.

# 뉴타운의 비밀 : 낙후된 이미지가 벗겨질 때 가격은 폭발한다

낡은 것이 새것이 된다는 것은 언제나 좋은 일이다. 부동산에서는 그 변화가 훨씬 더 크게, 더 직접적으로 나타난다. 단순히 집 몇 채가 바뀌는 것이 아니라, 동네의 체질 자체가 바뀌기 때문이다. 시간이 멈춘 것처럼 보이던 동네가 있다. 좁은 골목이 이어지고, 오래된 주택이 빽빽하게 붙어 있고, 밤이 되면 불빛이 드문드문 켜지는 그런 곳이다.

그런데 어느 날부터 공사 가림막이 세워지고, 낡은 집들이 하나둘 철거되기 시작한다. 길이 넓어지고, 중장비가 들어오고, 크레인이 올라온다. 그 순간부터 그 동네는 더 이상 예전의 동네가 아니다. 그 변화의 이름이 바로 '뉴타운'이다. 서울에는 여러 뉴타운이 있다. 하지만 뉴타운이라고 해서 모두 같은 뉴타운이 아니다. 이름이 중요한 것이 아니라 어디에 있느냐가 중요하다. 결국 땅이 중요하고, 땅은 곧 입지다. 같은 뉴타운이라도 서울 중심부와 얼마나 가까운지, 주요 업무지구와 얼마나 빠르게 연결되는지에 따라 결과는 완전히 달라진다. 그래서 신길뉴타운, 노량진뉴타운처럼 서울 중심부와 가까운 곳을 보는 것이 중요하다.

이곳들은 과거에는 낡고 오래된 동네였다. 좁은 골목, 오래된 단독주택, 낮은 건물들. '살기에는 조금 불편한 동네'라는 이미지가 강했던 곳이다. 일부러 찾아가고 싶은 동네라기보다는, 어쩌다 지나가게 되는 동네에 가까웠다.


하지만 그 낡음이 바로 기회가 된다. 사람들이 관심을 두지 않던 시기, 그 지역은 조용히 시간을 쌓는다. 개발 계획이 세워지고, 정비구역이 지정되고, 조금씩 움직임이 시작된다. 그리고 어느 순간 그 낡은 동네가 하나둘씩 철거되고, 대규모 아파트 단지로 변하기 시작한다.

그때부터 가격은 움직인다. 과거에 얼마나 낡았던 지역인가. 이 질문이 중요한 이유가 여기에 있다. 낙후된 지역일수록 변화의 폭이 크기 때문이다.

대표적인 사례가 마포 아현뉴타운이다.

지금의 마포는 서울에서 누구나 인정하는 상급지다. 직장 접근성, 학군, 생활 인프라, 브랜드 아파트까지 모든 것이 갖춰진 지역이다. 사람들이 살고 싶어 하는 동네이고, 가격도 이미 높게 형성되어 있다. 하지만 과거의 아현은 지금의 이미지와는 완전히 달랐다. 오래된 주택이 밀집해 있었고, 주거 환경이 열악했고, 일부러 찾아가고 싶은 동네는 아니었다. 밤이 되면 어둡고, 골목은 좁고, 생활의 편의성도 떨어졌다.

그런데 뉴타운이 들어오면서 완전히 다른 지역이 되었다. 낡은 주택이 사라지고 대단지 아파트가 들어섰고, 도로가 정비되고, 상권이 살아나고, 사람들이 몰려오기 시작했다.

그리고 그때부터 가격은 멈추지 않았다. 지금의 마포는 열매를 다 맺은 상태다. 이미 충분히 올라버린 가격을 보며 많은 사람들이 같은 말을 한다. "그때 들어갔어야 했는데…"

하지만 이 챕터에서 말하고 싶은 것은 마포를 사라는 것이 아니다.

마포를 보며 가슴이 설레는 감각을 느껴보라는 것이다. 낡은 동네가 완전히 다른 지역으로 바뀐다는 것, 그 과정 속에서 자산의 크기가 달라진다는 것, 도시가 통째로 재탄생하는 변화가 실제로 존재한다는 것. 그 감각을 느껴야 다음 뉴타운을 찾을 수 있다.

예산으로 볼 수 있는 다른 서울 지역에 흔들리지 말자. 지금 당장 깔끔하고 좋아 보이는 구축 아파트, 작지만 역에 붙어 있는 나홀로 단지, 이런 곳들이 더 좋아 보일 수도 있다. 하지만 뉴타운이 가진 힘은 그런 단편적인 장점과는 비교가 되지 않는다.

헌 것이 새것이 되는 곳. 낡은 단독주택이 수천 세대의 대규모 주거벨트로 바뀌는 곳.

그곳이 바로 뉴타운이다. 그리고 그 뉴타운이 강남, 여의도, 광화문으로 접근성이 좋거나 앞으로 좋아질 가능성이 있는 곳이라면 그 가치는 훨씬 더 커진다. 그런 곳을 봐야 뉴타운 중에서도 '진짜 뉴타운'을 보는 것이다.

뉴타운 사업은 2000년대 초반 서울의 낙후된 주거 환경을 개선하기 위해 대규모 정비사업 형태로 추진된 정책이다. 특히 이명박 서울시장 시절 '균형 개발'이라는 이름으로 서울 곳곳의 노후 주거지를 묶어 한 번에 정비하는 계획이 본격적으로 진행됐다. 그때 지정된 수많은 뉴타운이 지금까지도 서울의 지도를 바꾸고 있다. 물론 모든 뉴타운이 성공한 것은 아니다. 중간에 해제된 곳도 있고, 사업이 지연된 곳도 있다. 하지만 입지가 좋은 뉴타운은 시간이 걸리더라도 결국 완성되어간다.

지도를 한번 펼쳐 보면 흐름이 보인다. 과거에는 빼곡하게 들어서 있던 낡은 주택들이 보이던 곳이 지금은 네모난 아파트 단지로 하나둘씩 채워지고 있다. 위성지도로 보면 색깔부터 달라진다. 회색빛이던 동네가 밝은 색의 대단지로 바뀌고, 도로가 반듯하게 정리되고, 하나의 주거벨트가 만들어진다. 이 변화는 단순한 외관의 변화가 아니다. 그 지역의 수요 구조 자체를 바꾼다. 사람들이 몰려오기 시작하고, 학군이 만들어지고, 상권이 생기고, 교통이 개선된다. 그리고 가격이 움직인다.


처음 분양 당시에는 7억 원대에 시작했던 아파트가 시간이 지나면서 12억 원이 되고, 15억 원이 되고, 20억 원까지 올라가는 일은 이미 여러 곳에서 현실이 되었다.

처음에는 관심이 없던 지역이 시간이 지나면서 사람들이 주목하는 지역이 되고, 결국은 누구나 살고 싶어 하는 동네가 된다.

그만큼 무관심의 영역에서 관심의 영역으로 끌어올려지는

곳이 바로 뉴타운이다.

처음에는 아무도 주목하지 않는다. 공사 소음만 있고, 먼지만 날리고, 불편하기만 한 곳이다. 생활하기 좋은 동네라고 말하기는 어려운 시기다.

하지만 시간이 지나 단지가 완성되고, 사람이 채워지고, 생활이 시작되는 순간 그곳은 전혀 다른 도시가 된다. 그리고 이 변화는 단순히 한 번으로 끝나지 않는다.

대단지가 들어서면 그 주변으로 또 다른 개발이 따라온다. 상가가 생기고, 학원이 들어오고, 생활 인프라가 채워지고, 그 동네 자체가 하나의 완성된 생활권이 된다.

사람은 결국 편한 곳으로 몰린다. 편한 곳에는 돈이 몰린다. 돈이 몰리는 곳은 더 좋아진다.

뉴타운은 이 흐름이 가장 강하게 작동하는 구조다. 그래서 뉴타운 투자는 단순히 집을 사는 것이 아니라 '도시가 바뀌는 과정'에 올라타는 것이다.

지금은 낡아 보이지만 5년 후, 10년 후의 모습을 상상할 수 있는가. 지금은 오래된 골목이지만 몇 년 뒤에는 대단지 아파트 입구가 될 수도 있다.

신길뉴타운 일대

　지금은 사람들이 관심 없는 지역이지만 시간이 지나면 "그때 왜 안 샀을까"라는 말을 듣는 곳이 될 수도 있다. 뉴타운의 진짜 힘은 지금이 아니라 미래에 있다.

　지금은 낡았기 때문에 싸고, 낡았기 때문에 관심이 없고,

비포

애프터

출처: 카카오맵

낡았기 때문에 기회가 된다.

그리고 그 낡음이 벗겨지는 순간, 가격은 폭발한다.

# 신길과 상도 : 여의도와 강남으로 출근하는 사람들의 베드타운

'베드타운'이라는 단어를 들으면, 왜인지 먼저 떠오르는 그림이 있다. 수도권 외곽. 긴 출퇴근. 집은 잠만 자는 곳. 아침은 전쟁이고, 저녁은 소진이다.

그런데 서울 안에서의 베드타운은 뜻이 다르다. 업무지구는 아니지만, 업무지구와 "붙어 있는" 곳. 중심부의 복잡함은 피하면서도, 출근은 빠르게 끝내는 곳.

그래서 조용하고, 그래서 안정적이고, 그래서 살기 좋은 동네가 된다.

대표적인 곳이 신길뉴타운과 상도동이다.

이 두 지역은 단순히 '주거지'가 아니다. 서울의 핵심 업무지구를 받쳐주는, '수요가 두꺼운 생활권'이다. 여의도와 강남으로 출근하는 사람들의 삶이 실제로 흘러가는 곳. 그게 이 지역들의 본질이다.

### 1) 신길뉴타운 : 서남권에서 "균형"이 가장 좋은 자리

신길은 서울 서남권에서 입지적으로 꽤 균형이 잡혀 있다.

왜 균형이냐면, '업무지구가 한 곳이 아니라 여러 축으로 열려 있기 때문'이다.

* 강남 접근성: 7호선 라인의 힘이 있다.

강남은 단순한 직장지가 아니라, 대한민국에서 가장 많은 일자리와 돈이 몰리는 곳이다.

그곳으로 빠르게 연결되는 지역은 수요가 얇아지기 어렵다.

* 여의도 접근성: 보라매 쪽에서 신림선을 타고 샛강으로 이어지는 흐름.

더 중요한 건 신안산선이다. 신풍 쪽 라인이 실제로 연결되기 시작하면, 여의도 접근성은 "체감"이 달라진다. 여의도는 금융 중심지다. 높은 소득의 수요는 반드시 주변으로 퍼진다. 결국 "여의도 직장 수요의 확장"을 받는 동네가 된다.



신길은 이쪽과도 가깝다. IT·제조·스타트업·협력사들이 밀집해 있는 곳이고, 젊은 직장인 유입이 꾸준하다. 젊은 수요가 꾸준하면, 전·월세도 돌고 매매도 돌 수밖에 없다.

이 정도면 베드타운이라는 단어가 비하가 아니라 "수요의 안정성"으로 바뀐다. 직장과 가깝고, 생활이 편하고, 주거 환경이 정비되는 곳. 이런 베드타운을 싫어할 이유가 없다.

### 2) 신길의 진짜 힘 : "도시가 정비되면서 수요의 질이 바뀐다"

뉴타운의 본질은 집이 바뀌는 게 아니라 '동네의 이미지'가 바뀌는 것이다. 신길은 그 변화가 이미 진행 중이고, 생활 인프라도 빠르게 자리를 잡고 있다.

이건 곧 이런 뜻이다. "젊은 맞벌이 부부가 들어와 아이를 키우며 오래 거주할 수 있는 구조"가 만들어진다는 것. 그리고 그 구조가 '가격을 지지하는 가장 강력한 힘'이다.

### 3) 59타입의 재평가 : 작은 평수가 "불편"이 아닌 시대

여기서 꼭 짚고 넘어가야 할 변화가 있다. 바로 '아파트의 세대 변화'다.

예전 20평대는 방 2개, 화장실 1개, 4인 가족이면 빡빡했다. 하지만 2010년 이후 본격화된 이른바 3세대 아파트는 다르다. 59타입 기준으로도 방 3, 화장실 2가 기본 구조다. 부부 + 자녀 1~2명까지도 생활이 된다.

이 말은 곧, 꽃피우기 단계에서 대형 평형을 욕심내기보다 "입지 좋은 59타입"이 더 전략적일 수 있다는 뜻이다. 왜냐하면 59타입은 늘 찾는 사람이 있다.

* 맞벌이 신혼부부

* 초등 자녀를 둔 가정

* 중소형 선호 실수요층

수요가 두터운 평형은 결론이 똑같다. '살기도 좋고, 팔기도 좋다.' 갈아타기를 전제로 하는 단계에서는 이게 치명적으로 중요하다.

### 4) 상도동 : "상도만 보지 말고, 노량진까지 같이 봐야 한다"

상도동은 단순히 "지금의 상도"로 보면 판단이 얕아진다. 상도는 주변 변화와 묶여서 봐야 한다. 핵심 키워드는 '노량진 뉴타운'이다. 9,500세대 규모의 대단지 주거타운이 순차적으로 들어오면, 그 주변은 흐름이 바뀐다. 대규모 신축이 들어오면 벌어지는 일은 항상 같다.

* 생활권이 이어지고

* 상권이 공유되고

* 학교·교통을 함께 쓰고

* 결국 '가격 키 맞추기(균질화)'가 일어난다

상도동 일대

상도는 노량진과 맞닿아 있고, 그 변화의 공기를 같이 마시
는 위치다.

그리고 입지 자체도 강점이 있다. 여의도, 강남, 용산 세 축

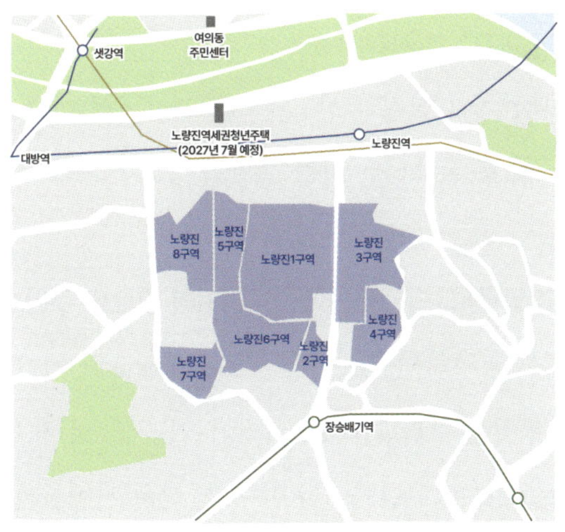

을 모두 균형 있게 바라볼 수 있는 위치. 이건 서울 안에서도 흔치 않은 구조다.

### 5) 꽃피우기 단계의 결론 : "서울 진입"이 아니라 "서울 상급 지로 가는 중간 기착지"

이 단계는 단순한 '서울 주소지' 확보가 아니다. 서울 상급지로 넘어가기 위한 발판이다.

그래서 기준이 명확해야 한다.

* 중심 업무지구 접근성

* 수요의 두께(전·월세, 매매 회전)

* 신축급 주거환경(또는 뉴타운/정비로 이미지 전환 중)

이런 관점에서 신길과 상도는 "베드타운"이 아니라, '서울의 핵심 수요를 흡수하는 확장 생활권'이다.

### 6) 마지막 한 마디 : 이 단계는 '결단'이 필요한 구간이다

현실적으로 말하면, 이 시기는 결단이 필요한 시기일 수 있다. 다만 무작정 무리하는 영끌이 아니라, 서울의 희소성과 수요 구조를 이해한 결단이어야 한다. 당신은 이미 8년 동안 사이클을 경험했다. 오르기도 했고, 정체되기도 했고, 내려가기도 했지만, 시간이 지나면 결국 다시 올라왔다. 그 경험이 지금 당신의 가장 큰 자산이다. 이제는 그 경험을 믿고, 서울의 좋은 입지에 등기를 치는 단계다. 꽃을 피운다는 건 집을 사는 게 아니다. 삶의 자리를 정하는 것이다. 그래서 이 단계의 선택은 앞으로의 10년을 좌우한다.

# 학군의 시작 :
# 아이가 초등학교에 갈 때
# 우리는 이곳에 있어야 한다

초등학교는 생각보다 훨씬 중요하다.

아이를 키워본 부모라면 이 말이 얼마나 현실적인 이야기인지 몸으로 느끼게 된다. 부동산을 오래 본 사람들도 같은 말을 한다. 집을 고르는 기준은 사람마다 다르고, 사는 이유도 다르지만 결국 마지막에는 아이 이야기로 모이게 된다. 직장이 바뀌어도 사람은 적응한다. 동네가 조금 불편해도 참고 산다. 하지만 아이의 학교는 다르다. 한 번 자리를 잡으면 쉽게 옮길 수가 없다. 그래서 초등학교 입학 시점은 단순한 이사 타이밍이 아니라 가족의 방향이 정해지는 순간에 가깝다.

아이의 초등학교 입학은 생활의 축을 바꿔놓는다. 친구가 생기고, 학원 동선이 정해지고, 등하교 시간에 맞춰 하루의 리듬이 만들어진다. 학부모들끼리 관계가 생기고, 아이의 하루가 그 동네 안에서 돌아가기 시작한다. 그때부터 그 지역은 단순히 '사는 곳'이 아니라 '삶이 묶이는 곳'이 된다. 한 번 그 자리에 뿌리를 내리면, 쉽게 옮기기 어려워진다.

부동산의 본질은 결국 수요와 공급이다. 너무 많이 들어서 익숙한 말이지만, 가장 정확한 설명이기도 하다. 공급이 많아도 수요가 강하면 가격은 버틴다. 반대로 공급이 적어도 수요가 없으면 가격은 움직이지 않는다. 그래서 늘 중요한 질문은 이것이다. 그 지역에는 왜 사람들이 들어오려고 하는가. 무엇이 사람을 그곳으로 끌어들이는가.

직장도 이유가 되고, 교통도 이유가 된다. 하지만 초등학교만큼 강한 이유는 많지 않다. 초등학교는 6년을 다닌다. 6년이라는 시간은 짧지 않다. 그 6년 동안 같은 수요가 계속 그 자리에 머물러 있다는 뜻이다. 이건 단순히 거주하는 것이 아니라, 그 지역에 묶이는 것이다. 친구 관계가 생기고, 학원 루틴이 자리 잡고, 생활 패턴이 완전히 그 동네 중심으로 돌아가기 시작하면 쉽게 움직이지 못한다.

부동산 시장에서 6년은 긴 시간이다. 그 6년 동안 같은 수요가 빠지지 않고 계속 머물러 있다면, 그 지역은 자연스럽게 단단해진다. 마치 물이 같은 자리에 계속 고이면 연못이 되는 것처럼, 학군지는 그렇게 만들어진다. 하루 이틀은 티가 나지 않지만, 시간이 지나면 깊이가 생기고 쉽게 마르지 않는다.

그래서 학군이 있는 지역은 임차 수요도 많다. 전세로 들어와 아이를 학교에 보내려는 수요가 계속 생긴다. 전세 수요가 많으면 전세 가격이 올라가고, 전세 가격이 올라가면 매매가를 받쳐준다. 이 구조가 안정적으로 돌아가는 지역은 시장이 흔들려도 쉽게 무너지지 않는다. 실제로 학군지 아파트는 하락장에서도 버티는 힘이 다르다. 급하게 팔려고 나오는 매물이 적고, 실거주 수요가 버팀목이 되기 때문이다.

초등학생 자녀가 있는 부모는 쉽게 이사를 하지 않는다. 학교를 옮기기 싫어하고, 친구 관계가 끊기는 것을 싫어하고, 이미 만들어진 생활 루틴을 유지하고 싶어 한다. 그래서 한 번 들어오면 6년은 기본이고, 중학교까지 이어지면 9년, 고등학교까지 이어지면 12년을 한 동네에서 보내기도 한다. 이건 부동산 시장에서 가장 강한 수요다. 움직이지 않는 수요, 오래 머무는 수요, 계속 유지되는 수요다.

그래서 학군지는 바닥이 단단하다. 모래 위에 세운 집이 아니라, 여러 번 다져 만든 콘크리트 기초 위에 세운 집 같은 느낌이다. 가격이 급하게 흔들리지 않는 이유가 여기에 있다. 수요가 빠지지 않기 때문이다.

초등학교 시절에 만들어진 분위기가 중학교, 고등학교까지 이어지는 경우도 많다. 공부라는 것은 갑자기 시작되는 것이 아니다. 초등학교 때부터 만들어진 습관이 이어지고, 그 습관이 성적이 되고, 그 성적이 진학으로 이어진다. 그래서 부모들은 초등학교 입학 시점을 굉장히 중요하게 생각한다. 결국 중요한 건 엉덩이 힘이다. 오래 앉아 있는 힘이다. 이 힘은 타고나는 것처럼 보이지만, 사실은 환경에서 만들어진다. 주변 아이들이 공부를 하고, 학원을 다니고, 책을 보는 분위기 속에 있으면 자연스럽게 따라가게 된다. 마치 운동을 잘하는 사람들 사이에 있으면 나도 운동을 하게 되는 것처럼, 공부도 결국 분위기가 만든다.

그래서 학군이 좋은 지역은 단순히 공부 잘하는 아이들이 많은 곳이 아니다. 공부를 할 수밖에 없는 환경이 만들어져 있는 곳이다. 그 환경이 아이를 바꾸고, 아이들이 다시 그 지역의 분위기를 만든다. 시간이 지나면서 그 분위기는 더 강해진다. 그래서 학군은 한 번 만들어지면 쉽게 무너지지 않는다.

소득 수준이 높은 지역일수록 자녀 진학률이 높다는 것은 여러 통계에서 반복적으로 나오는 이야기다. 교육 투자도 다르고, 부모의 관심도 다르고, 아이를 바라보는 기준도 다르다. 비슷한 소득 수준의 사람들이 모이면 생활 수준이 비슷해지고, 생활 수준이 비슷해지면 교육에 대한 기준도 비슷해진다. 그게 모여서 학군이라는 이름이 된다.

그래서 일정 가격대 이상의 아파트가 의미를 가지는 것이다. 단순히 비싼 집이라는 의미가 아니라, 그 가격대에 들어오는 사람들이 만들어내는 분위기가 있기 때문이다. 사람이 모이면 문화가 만들어지고, 문화가 만들어지면 기준이 생기고, 기준이 생기면 지역의 색깔이 만들어진다. 그게 바로 학군지다.

목동, 중계, 대치 같은 전통적인 학군지는 이미 그런 분위기가 오래 쌓인 곳이다. 하지만 최근에는 새로운 흐름도 만들어지고 있다. 마곡, 발산, 우장산역 라인 같은 곳이 대표적이다. 마곡은 업무지구가 같이 성장하면서 소득 수준이 있는 직장인들이 계속 유입되고 있다. 5호선을 타고 여의도, 광화문으로 출퇴근이 가능하다는 점도 큰 장점이다. 직장과 교육이

동시에 잡히는 지역은 시간이 갈수록 더 단단해진다.

아파트 단지가 많고, 학원가가 형성되어 있고, 생활 인프라가 잘 갖춰진 지역은 시간이 지날수록 더 좋아진다. 처음에는 작은 불씨처럼 시작하지만, 수요가 쌓이면서 점점 커진다. 아이를 키우는 가정이 들어오고, 학원이 늘어나고, 학군 분위기가 만들어지면서 그 지역은 자연스럽게 자리 잡는다.

신길뉴타운도 비슷한 흐름을 보인다. 신대방삼거리 쪽에 학원들이 하나둘씩 밀집해 있다는 것은 이미 학령기 자녀가 있는 가정이 많이 들어왔다는 뜻이다. 학원은 수요가 없는 곳에는 절대 먼저 생기지 않는다. 사람이 모여야 생긴다. 이건 시장이 보내는 신호다. 지금부터 수요가 쌓이기 시작했다는 신호다.

예산을 조금 더 쓸 수 있다면 고덕역, 명일동 학군도 충분히 볼 수 있는 구간이다. 이미 학군 분위기가 형성되어 있고, 신축 주거벨트가 만들어지고 있어서 실거주 만족도와 자산가치가 함께 움직이는 곳이다. 이런 지역은 시간이 지나면서 더 단단해지는 특징이 있다.


이 시기에는 자신의 대출력을 한 번 더 점검해보는 것도 필요하다. 집은 결국 선택의 문제이고, 선택은 자금의 범위 안에서 결정되기 때문이다. 아이가 초등학교에 들어갈 시점이라면, 이사 타이밍도 그 시기에 맞춰 고민하게 된다. 그래서 세 번째 집은 단순한 투자 목적의 집이 아니라 가족의 방향을 결정하는 집이 된다. 첫 번째 집은 버티기 위해 사는 집이었다. 두 번째 집은 자산을 키우기 위해 사는 집이었다. 그리고 세 번째 집은 가족의 삶을 위해 사는 집이 된다.

그 시점이 오면 대부분의 부모가 같은 생각을 한다. 아이 학교를 생각하게 되고, 어디에서 오래 살아야 할지를 고민하게 된다. 그래서 학군지는 자연스럽게 거쳐가는 단계가 된다. 나만 보는 것이 아니라, 비슷한 시기에 아이를 키우는 수많은 가정이 같은 방향을 보기 때문이다.

그 말은 결국 수요가 많다는 뜻이다. 부동산은 사람이 움직이는 곳으로 움직인다. 그리고 사람은 결국 아이를 따라 움직인다.

그래서 학군지는 단순히 살기 좋은 동네가 아니다. 시간이 쌓여 만들어진 자산이고, 수요가 겹겹이 쌓인 시장이고, 한 번 만들어지면 쉽게 무너지지 않는 아주 단단한 시장이다.

# 상급지로 이동할 때 대출을 두려워하지 마라

상급지는 상승장을 만나면 더 빠르게, 더 크게 움직이는 곳이다. 그래서 사람들이 입을 모아 상급지, 상급지 하는 것이다. 부동산 시장은 늘 같은 속도로 움직이지 않는다. 어떤 곳은 천천히 오르고, 어떤 곳은 폭발하듯 움직인다. 그 차이는 결국 위치에서 나온다. 입지가 만들어내는 격차는 시간이 지날수록 더 크게 벌어진다.

같은 시간, 같은 나라, 같은 시장 안에 있어도 결과는 전혀 다르게 나타난다. 하급지가 1억 오를 때 상급지는 3억 원, 5억 원이 오르는 일이 실제로 반복되어 왔다. 이건 과장이 아니라 수십 년 동안 시장이 보여준 흐름이다. 절대적인 상승 금액 자체가 다르기 때문에 사람들은 끊임없이 상급지로 이동하려 한다. 같은 노력을 해도 결과가 더 크게 나타나는 곳이기 때문이다.

부동산은 큰 투자금이 큰 수익으로 돌아오는 자본주의 시장이다. 상승장의 파도가 밀려올 때 상급지는 그 파도의 가장 높은 꼭대기에 올라탄다. 가장 먼저 움직이고, 가장 크게 올라간다. 그리고 하락장이 와도 가장 늦게 무너진다. 마치 바닷가의 높은 절벽이 파도를 가장 먼저 맞지만 가장 늦게 잠기는 것처럼, 상급지는 시장의 중심에서 가장 강한 움직임을 만들어낸다.

그래서 많은 사람들이 상급지로 이동하려 한다. 더 나은 교육 환경, 더 좋은 직장 접근성, 더 편리한 생활 인프라 때문이기도 하지만, 결국 가장 큰 이유는 상승장에서 더 큰 결과를 만들어내기 때문이다. 같은 시간을 살아도 어떤 위치에 서 있느냐에 따라 결과는 완전히 달라진다. 같은 10년을 보내도 어떤 지역에 등기를 쳤느냐에 따라 자산의 크기가 전혀 다르게 쌓인다. 하지만 상급지로 이동하려는 순간, 사람들의 발목을 잡는 것이 있다. 바로 대출이다.

대출이라는 단어는 사람을 움츠러들게 만든다. 숫자가 커

보이고, 매달 나가야 할 이자가 머릿속을 무겁게 누른다. 그래서 눈앞에 기회가 있어도 한 발짝 물러서게 된다. 괜히 겁이 나고, 괜히 불안해지고, 괜히 지금이 아닌 것 같은 생각이 든다.

그러나 생각을 조금만 바꿔보면 대출은 위험한 것이 아니라 도구다. 망치가 위험한 것이 아니라 망치를 어떻게 쓰느냐가 중요한 것처럼, 대출도 마찬가지다. 잘 쓰면 집을 짓는 도구가 되고, 잘못 쓰면 손을 다치게 하는 물건이 된다. 결국 문제는 도구가 아니라 사용하는 사람이다.

상급지로 이동할 때 대출을 무조건 두려워할 필요는 없다. 영끌이라는 단어에 겁먹을 필요도 없다. 중요한 것은 감당 가능한 범위 안에서 버틸 수 있는지다. 감당하지 못할 수준의 무리한 대출은 위험하다. 하지만 버틸 수 있는 범위 안에서 사용하는 대출은 자산을 키우는 가장 강력한 레버리지다. 데이터는 늘 같은 이야기를 한다. 하락장은 생각보다 짧고, 상승장은 생각보다 길다. 시장은 내려갈 때는 빠르게 내려가지만, 올라갈 때는 길게 이어진다. 그래서 그 시간을 버티는 사람이 결국 결과를 가져간다. 버틸 수 있는 힘이 있는 사람에게 시장은 기회를 준다. 그래서 핵심은 단 하나다. 버틸 수 있는 대출력과

감당 가능한 상환능력이다.

이 두 가지가 받쳐준다면 갈 수 있는 만큼 최대한 상급지로 가는 것이 맞다. 상급지는 같은 시간을 살아도 전혀 다른 결과를 만들어낸다. 같은 10년을 살아도 어디에 살았느냐에 따라 자산의 크기가 완전히 달라진다. 그 차이는 시간이 지날수록 더 크게 벌어진다.

정부 정책으로 대출이 막혀 있는 것처럼 느껴질 때도 있다. 규제가 생기고, 기준이 바뀌고, 한도가 줄어드는 시기도 있다. 뉴스에서는 늘 대출이 어려워졌다고 말한다. 하지만 돌아보면 대출의 길이 완전히 막힌 적은 거의 없다. 형태만 바뀌었을 뿐이다.

담보대출이 줄어들면 신용대출이 있고, 정책자금이 있고, 중도금대출이 있고, 상황에 맞는 길은 늘 어딘가에 있다. 다만 그 길을 찾아야 한다. 그래서 대출 상담을 두려워하지 말아야 한다. 대출 상담사는 돈을 빌려주는 사람이 아니라 길을 찾아주는 사람이다. 그들도 대출이 실행되어야 수익이 나는 서비스업 종사자다. 은행에 들어가는 것을 겁낼 필요도 없다. 은행은 돈을 빌려주기 위해 존재하는 곳이다. 예대마진으로 돈을 버는 곳이 은행이다. 돈을 빌려줘야 은행도 살아간다.

우리는 부탁을 하는 것이 아니다. 서로 필요한 것을 교환하는 것이다. 그래서 부동산에 들어가면 대출 상담사를 소개해달라고 하는 것이 좋다. 현장에서 담보대출 경험이 많은 상담사와 연결될 가능성이 크기 때문이다. 한 사람만 만나지 말고여러 번 상담을 받아보는 것이 좋다. 같은 조건이라도 금융사마다 가능한 범위가 다르고, 상품도 다르고, 한도도 다르다. 길은 생각보다 많다. 상급지로 가는 이유는 여러 가지다. 교육, 직장, 생활, 환경 등 다양한 이유가 있지만 결국 하나로 모인다. 상승장에서 더 큰 수익을 가져다주기 때문이다. 이건 욕심이 아니라 전략이다. 같은 시간을 보내면서 더 큰 결과를 만들기 위한 선택이다.


어차피 주거비는 나간다. 대출이자가 아니어도 월세로 나간다. 월세는 말할 것도 없이 크다. 그리고 그 돈은 다시 돌아오지 않는다. 전세도 마찬가지다. 전세자금대출 이자가 나간다. 결국 사람은 어디에 살든 돈을 쓰게 되어 있다. 그럼 질문은 하나다. 그 돈이 그냥 사라질 돈인가, 아니면 자산으로 바뀔 돈인가.

월세는 사라지는 돈이다. 그달을 지나면 흔적도 남지 않는다. 하지만 대출이자는 다른 의미를 가진다. 시간이 지나면 시세차익이라는 형태로 돌아올 가능성이 있다. 그래서 생각을 이렇게 바꿔보는 것이 좋다. 대출이자는 비용이 아니라 투자 비용이다.

사업을 할 때도 마찬가지다. 가게를 열면 임대료가 나가고, 직원을 쓰면 인건비가 나간다. 그 돈을 아깝다고 생각하지 않는다. 성장을 위한 비용이라고 생각한다. 부동산도 같은 개념으로 접근할 수 있다. 시세차익을 만들기 위해 대출이자를 사용하는 것이다. 운영비와 유지비 같은 개념이다. 어차피 사람은 살아야 한다. 매매든, 전세든, 월세든, 어디엔가는 살아야 한다. 그 선택지 안에서 자산이 되는 쪽을 선택하는 것이다. 그게 시세차익이고, 그게 상급지로 이동하는 이유다.


상급지에 한 번 올라타면 다음 기회가 더 쉽게 온다. 주변 환경이 달라지고, 만나는 사람들이 달라지고, 정보가 달라진다. 그리고 그 변화가 다시 자산의 흐름을 만든다. 그래서 상급지로의 이동은 단순한 주거 이동이 아니라 자산의 흐름을 바꾸는 선택이 된다.

이 챕터를 읽고 있다면 마음이 조금씩 움직이기 시작할 것이다. 서울에서 내 아이를 키울 수 있다는 생각, 서울 주요 지역에 내 집이 생긴다는 상상. 지하철역 앞을 걸으며 '여기가 우리 동네다'라고 말하는 순간을 떠올리게 된다. 그건 단순한 이사가 아니다. 인생의 방향이 바뀌는 순간이다. 아이의 생활이 바뀌고, 가족의 동선이 바뀌고, 미래의 가능성이 달라진다. 그래서 대출의 도움을 받는 것이다. 두려움을 용기로 바꾸는 것이다.

겁이 나는 건 당연하다. 누구나 처음에는 무섭다. 하지만 그 겁을 넘어가는 사람이 다음 단계로 간다. 상급지는 아무나 가는 곳이 아니다. 결심한 사람이 가는 곳이다. 그리고 한 번 올라서면 그 위치가 또 다른 기회를 만든다. 이제 다음은 서울 상급지로 갈 차례다. 꿈은 그냥 꾸는 것이 아니다. 움직일 때 이루어진다.

# 서울 1급지 입성

## (마용성, 여의도, 잠실, 그리고 강남)

(시기 : 12년 차~16년 차 /

목표 : 평생 팔지 않아도 될 마지막 종착역)

# 마지막 갈아타기 : 모든 자산을 영끌하여 깃발을 꽂을 곳

지금까지 참 잘 달려왔다. 여기까지 온 것만으로도 이미 대단한 일이다. 세상에는 "나도 언젠가 상급지 가야지"라고 말하는 사람이 정말 많다. 하지만 그 말이 실제 행동으로 이어지고, 그 행동이 몇 년 동안 반복되며, 그 반복이 결국 자산의 변화로 이어져 "이제는 25억 원 이상을 본다"라는 말까지 나오게 되는 사람은 생각보다 많지 않다. 여러분은 그 드문 사람들 중 하나다.

처음 시작할 때를 떠올려보면, 3억 원짜리 집을 보던 시절이 분명 있었을 것이다. 그때는 3억 원도 큰돈이었다. 계약서에 사인하는 순간 손이 떨리고, "내가 이걸 진짜 감당할 수 있을까?"라는 생각이 머릿속을 떠나지 않았을 것이다. 밤에 누우면 대출이자 계산이 자동으로 돌아가고, 아침에 일어나면 "혹시 내가 너무 무리한 건 아닐까"라는 불안이 따라붙었을 것이다. 하지만 여러분은 그럼에도 불구하고 움직였다. 그때의 여러분은 지금보다 훨씬 약했지만, 그 약한 상태에서 용기를 냈다. 그게 시작이었다.

시간이 흘렀다. 그리고 어느 순간부터 숫자가 달라지기 시작한다. 처음에는 3억 원이 전부였는데, 어느 순간 10억 원을 보게 된다. 10억 원이라는 가격대는 또 다른 세계다. 주위 사람들은 "그건 부자들이나 보는 가격이지"라고 말한다. 그런데 막상 그 가격대의 집을 직접 보고, 비교하고, 고민하고 있는 나 자신을 발견하는 순간 묘한 감정이 밀려온다. 두려움도 있고, 설렘도 있고, "내가 여기까지 왔구나"라는 자부심도 있다.

그러다 또 시간이 지나면 15억 원을 본다. 이제는 확실히 삶의 무대가 달라진다. 매물의 질이 달라지고, 지역이 달라지고, 함께 움직이는 사람들의 분위기까지 달라진다. 예전에는 뉴스 속에서나 보던 지역을 이제는 직접 임장하며 걷고 있다. 예전에는 상상 속 숫자였던 가격대가 이제는 현실적인 선택지 안으로 들어온다.

그리고 지금, 여러분은 25억 원 이상을 보고 있다. 이건 단순히 가격대가 올라간 것이 아니다. 삶의 단계가 올라온 것이다. 그 과정에서 대출력도 늘어났고, 저축도 정말 열심히 했을 것이다.

처음에는 대출 1억 원만 있어도 잠이 안 오던 사람이, 어느 순간 대출이라는 숫자를 "공포"가 아니라 "관리해야 할 항목"으로 보기 시작한다. 이게 경험이고, 이게 성장이다. 대출을 무서워하지 않는다고 해서 무모해진 것이 아니다. 오히려 그 반대다. 대출을 무서워하지 않는 사람은 대출을 정확히 아는 사람이다. 이자를 계산할 줄 알고, 현금흐름을 따질 줄 알고, 금리 변동에 대비할 줄 알고, 최악의 상황까지 가정해보는 사람이다. 그리고 그런 사람만이 상급지로 이동할 수 있다.

여러분은 그 과정에서 신용이 쌓였고, 소득이 늘었고, 금융기관이 바라보는 시선도 달라졌을 것이다. 은행은 단순히 '돈이 필요한 사람'에게 돈을 빌려주지 않는다. 은행은 '갚을 수 있는 사람'에게 돈을 빌려준다. 여러분은 이제 그 단계에 올라온 것이다. 그동안 성실하게 살아온 시간이, 성실하게 저축한 시간이, 꾸준히 관리해 온 신용이 여러분의 이름 뒤에 하나의 자격처럼 붙었다. "이 사람은 빌려줘도 된다." 그 신뢰가 여러분을 여기까지 데려온 것이다.

남들이 여행을 갈 때, 남들이 차를 바꿀 때, 남들이 소비를 즐길 때, 여러분은 "이번 달은 얼마를 더 모을 수 있을까"를 생각했을 것이다. 당장의 즐거움을 조금씩 미루면서 미래를 준비했다. 그렇게 모은 돈은 단순한 숫자가 아니다. 여러분의 시간이고, 인내고, 선택의 결과다.

여기서 꼭 한 번은 말해주고 싶다. 고생했다. 정말 고생했다. 이건 칭찬받아야 하는 일이다.

세상은 결과만 보고 평가하지만, 우리는 안다. 과정이 얼마나 길고 지독했는지. 임장을 다녀오면 몸이 피곤한데 마음은 설렌다. 엘리베이터에서 만난 주민의 표정 하나, 단지 내 분위기, 주차장에 늘어선 차들, 편의시설의 수준, 학원가의 밀도, 마트의 크기, 동네의 공기까지… 머릿속이 계속 계산을 한다. 집을 보는 건 단순히 집을 보는 일이 아니다. 인생의 환경을 고르는 일이기 때문이다.

이쯤이면 이사도 최소 세 번은 했을 것이다. 이사를 한 번 해본 사람은 안다. 이사는 체력전이고, 멘탈전이고, 돈의 흐름이 바뀌는 전쟁이다. 집을 팔고 새 집을 사는 과정은 안정적인 일상을 잠시 내려놓고 불확실함 속으로 들어가는 행위다. 그때마다 마음이 흔들리고 "내가 지금 잘하고 있나?"라는 질문이 따라붙는다.

첫 번째 이사는 두려움이었다. 두 번째 이사는 결심이었다. 세 번째 이사는 확신이었다.

그리고 이제 네 번째, 마지막 이사가 남아 있다. 그게 바로 오늘의 이야기다.

여기까지 오면 주변에서 말이 많아진다. 내가 한 단계 올라갈수록 주변의 말은 더 거칠어진다. "돈에 환장했냐"라는 말이 나오기도 하고, "부동산으로 장난치냐"라는 말도 나온다. 어떤 사람은 대놓고 비웃기도 한다. 그 말 속에는 대부분 두 가지 감정이 섞여 있다. 이해하지 못하는 마음과, 따라오지 못하는 마음이다. 개의치 말자. 그들은 여러분의 과정을 모르기 때문이다. 밤마다 대출이자를 계산하며 잠을 설친 시간도 모르고, 계약 직전까지 갔다가 깨진 거래로 며칠을 멍하게 보낸 것도 모르고, 임장 갔다가 "이건 아니다"를 수십 번 반복하며 발바닥이 아파도 다시 걸었던 시간도 모른다. 그 모든 시간을 모른 채 결과만 보고 말한다. 그러니 신경 쓸 이유가 없다.

여러분은 4×4의 사이클대로 여기까지 단계를 밟아 올라왔다. 처음에는 버티기 위한 집이었고, 그다음은 자산을 키우기 위한 집이었고, 그다음은 서울에 안착하기 위한 집이었다. 그 집들은 모두 '다음으로 가기 위한 디딤돌'이었다. 그리고 오늘, 드디어 마지막 디딤돌에 올라설 때가 왔다.

이제는 서울 1급지다. 마용성, 잠실, 여의도, 그리고 강남.

이곳은 단순히 집값이 높은 동네가 아니다. 대한민국의 중심이다. 사람들이 가장 많이 일하는 곳과 가장 가까운 주거지, 가장 좋은 교육 환경, 가장 촘촘한 인프라, 가장 안정적인 수요가 동시에 존재하는 지역이다. 그래서 상급지다.

상급지는 파도가 오면 가장 먼저 움직인다. 상급지는 하락장이 와도 가장 늦게 무너진다. 상급지는 시간이 갈수록 더 단단해진다. 그리고 상급지는 결국 '마지막 집'이 된다.

여기서 중요한 말이 하나 있다.

"평생 팔지 않아도 되는 집."

이 말은 감성적인 문장이 아니라 전략적인 문장이다. 부동산 투자에서 가장 무서운 것은 마지막 종착역을 찾지 못하고 평생 갈아타기만 하다가 끝나는 것이다. 갈아타기는 에너지가 많이 든다. 시장이 좋을 때는 갈아타기가 쉽지만, 시장이 흔들릴 때는 갈아타기가 지옥이 된다. 그래서 마지막에는 깃발을 꽂아야 한다.

이제는 총동원이다. 지금까지 모아온 자산, 지금까지 키워온 신용, 지금까지 쌓아온 경험을 모두 동원해서 마지막 한 번을 움직여야 한다. "이게 마지막이다"라는 마음으로 움직여야 한다. 그래야 흔들리지 않는다.

서울에서 25억 원 이상 아파트를 가진 사람은 생각보다 많지 않다. 서울 전체 아파트 중에서도 상위 구간에 속하는 영역이다. 그 소수의 자리로 여러분이 들어간다는 뜻이다. 그 자리에 들어가는 것은 단순히 집을 사는 것이 아니다. 내가 앞으로 어떤 삶을 살 것인가를 결정하는 것이다.

내가 어떤 동네에서 아침을 맞이할 것인가. 내 아이가 어떤 친구들과 자랄 것인가. 내가 어떤 환경 속에서 살아갈 것인가. 그 모든 것을 선택하는 순간이다.

그동안의 과정이 떠오를 것이다. 임장하며 겪었던 당황스러운 순간들, 부동산 사무소에서의 크고 작은 사건들, 매수인과 매도인 사이에서 감정이 오가던 순간들, 계약서를 앞에 두고 손끝이 차가워지던 순간들. 그 모든 시간이 스쳐 지나갈 것이다. 그리고 그 끝에서 "결국 해냈다"라는 말이 나오게 될 것이다.

3억 원에서 시작해 10억 원을 보고, 10억 원에서 15억 원을 보고, 이제 25억 원을 바라보는 이 흐름은 우연이나 운이 아니라 설계다. 치밀하게 계획한 사람이 도착하는 자리다.

이제 마지막으로 깃발을 꽂자. 여기서부터는 올라가는 싸움이 아니라 지키는 싸움이다.

가격이 조금 흔들려도, 금리가 조금 올라가도, 정책이 조금 바뀌어도 흔들리지 않는 자리. 수요가 겹겹이 쌓여 있고, 사람들이 꾸준히 몰려들고, 환금성이 높고, 오래 살아도 되는 자리. 그곳에 깃발을 꽂는 순간, 여러분의 4×4는 완성된다.

아침에 눈을 뜨고 창밖을 보면서 "여기가 우리 집이다"라고 말하는 순간을 상상해보자. 그때의 감정은 단순한 기쁨이 아니다. 그건 내가 내 인생의 한 챕터를 완성했다는 느낌이다.

이제 다음 페이지로 넘어갈 차례다. 서울 1급지 입성. 마지막 갈아타기. 최종 깃발을 꽂는 시간이다.

# 마포, 용산, 성수 : 한강변이 주는 압도적인 부의 크기

마용성이라는 단어를 처음 들었을 때를 떠올려보면, 아마 대부분은 나와는 전혀 상관없는 세상의 이야기처럼 느껴졌을 것이다. 서울에서도 가장 비싸고, 가장 좋고, 가장 사람들이 몰리는 지역. 뉴스에서만 나오고, 부동산 유튜브에서만 나오고, 언젠가 부자가 되면 가는 곳이라고 막연하게 생각했던 그곳이 바로 마용성이다.

하지만 지금 이 글을 읽고 있는 시점이라면 상황이 다르다. 이제는 남의 이야기가 아니라 내 삶의 선택지 안으로 들어온 지역이 되었기 때문이다. 처음부터 이곳을 목표로 시작한 사람은 거의 없다. 대부분은 작은 집에서 시작해 한 단계씩 올라오다가 어느 순간 고개를 들었을 때, 그제야 마용성이 눈에 들어오기 시작한다.

마포, 용산, 성동.

한강을 남쪽으로 바라보고 있는 명당 중의 명당이다. 서울이라는 거대한 도시 안에서도 가장 중심부에 자리 잡고 있는 주거지들이며, 단순히 비싸다는 이유만으로 상급지라 불리는 곳이 아니다. 이곳은 수요가 모이고, 돈이 모이고, 사람이 모이고, 시간이 지날수록 더 단단해지는 구조를 가진 곳이다. 이제 이곳에 등기를 칠 때다.


4×4 사이클에 따라 열심히 살아온 사람이라면, 이곳에 도전할 자격이 충분하다. 처음에는 3억짜리 집을 고민하던 사람이, 어느 순간 10억 원을 보고, 15억 원을 보고, 이제 20억 원대 집을 현실적으로 검토하는 단계까지 올라왔다는 것은 단순한 우연이 아니라 시간과 노력의 결과다. 그 시간 동안 자산이 쌓였고, 대출력이 늘어났고, 신용이 쌓였고, 무엇보다 시장을 보는 눈이 생겼다.

대단지 신축을 선택할 수도 있고, 입지가 좋은 구축 중소형을 선택할 수도 있다. 선택의 방향에 따라 20억 원대에서도 충분히 움직일 수 있는 구간이 존재한다. 물론 시세는 언제든 변할 수 있다. 이 책을 읽는 시점과 실제 시장의 가격은 다를 수 있다. 하지만 중요한 것은 정확한 숫자가 아니라, 4×4 사이클의 마지막 단계에 들어설 때 접근할 수 있는 가격대라는 흐름을 이해하는 것이다.

이곳은 말 그대로 리미티드 에디션(limited edition)이다.

서울에도 아파트는 많다. 뉴타운도 많고, 대단지도 많다. 하지만 한강을 바라보는 입지는 많지 않다. 한강변은 공급이 늘어나지 않는 자리다. 시간이 지날수록 희소성이 쌓이는 자리다. 그곳에 등기를 친다는 것은 단순히 집을 산다는 의미가 아니라, 서울이라는 도시의 중심부에 내 자리를 만든다는 의미다.

한강은 단순한 강이 아니다. 서울이라는 도시의 중심을 가르는 상징이다. 그 상징을 바로 앞에서 바라보며 산다는 것은 단순한 주거 환경을 넘어 하나의 지위를 의미하기도 한다. 그래서 한강변 아파트는 시간이 지나도 가치가 쉽게 떨어지지 않는다. 경치가 바뀌지 않고, 입지가 바뀌지 않고, 희소성이 줄어들지 않기 때문이다.

마포를 먼저 보자.

마포가 상급지인 이유는 단순히 한강이 있어서가 아니다. 위치가 절묘하다. 광화문과 여의도라는 서울의 핵심 업무지구 사이에 끼어 있다. 직장 수요가 끊이지 않을 수밖에 없는 구조다. 동쪽으로는 용산과 성동, 남쪽으로는 강남 접근성까지 열려 있다.

서울에서 직장을 다니는 사람들에게 가장 중요한 조건은 출퇴근 거리다. 그 출퇴근의 중심축 사이에 위치한 곳이 마포다. 그래서 자연스럽게 수요가 쌓인다. 직장인이 많은 곳은 언제나 주거 수요가 두텁다. 그리고 그 수요는 쉽게 빠지지 않는다.

최근에는 대흥동 일대를 중심으로 학원가도 점점 커지고 있다. 예전에는 강남 학군의 대체재라는 느낌이 강했다면, 지금은 이 지역 안에서도 충분히 아이를 키울 수 있다는 분위기가 형성되고 있다. 실제로 젊은 맞벌이 부부들이 많이 유입되면서 동네의 색깔 자체가 바뀌고 있다.

마포래미안푸르지오를 떠올려보면 이 지역의 변화를 가장 잘 알 수 있다. 분양 당시에는 생각보다 큰 관심을 받지 못했고, 미분양 이야기까지 나왔던 단지였다. 하지만 시간이 흐르면서 상황은 완전히 달라졌다. 지금은 강북을 대표하는 대장 아파트로 자리 잡았고, 마포를 이야기할 때 가장 먼저 떠오르는 상징적인 단지가 되었다.

이 사례 하나만 봐도 알 수 있다. 한 번 성장하기 시작한 지역은 시간이 지날수록 더 단단해진다.

그래서 뉴스에서 집값 흐름을 이야기할 때 마포가 하나의 기준점처럼 언급된다. 서울 시장이 움직일 때, 마포가 먼저 반응하고 그 흐름이 다른 지역으로 퍼지는 경우가 많다. 그만큼 상징성과 영향력이 큰 지역이다.


용산은 또 다른 차원의 이야기다.

서울 지도를 펼쳐놓고 보면, 정확히 가운데에 자리 잡고 있는 곳이 용산이다. 북쪽으로는 한양의 원도심이 있고, 남서쪽으로는 여의도 금융 중심지가 있고, 남동쪽으로는 강남 업무지구가 있다. 그 세 축의 가운데에 있는 곳이 바로 용산이다.

여기에 국제업무지구 개발, 용산공원 조성, 한남뉴타운 정비, 후암동 재개발, 동부이촌동 재건축, 한강대로 라인 개발 등 대규모 프로젝트가 끊임없이 이어지고 있다. 이미 좋은 지역인데 앞으로 좋아질 재료까지 계속 쌓이고 있는 지역이다.

게다가 한강을 가지고 있다. 한강변이라는 입지는 서울에서 가장 강력한 상징성을 가진다.

북쪽으로는 원도심 생활권을 끼고 있고, 남서쪽으로는 여의도 금융 중심지를 끼고 있고, 남동쪽으로는 강남이라는 대한민국 최고의 업무지구를 끼고 있다. 이 세 축의 가운데에 있는 입지가 바로 용산이다.

자금력에 따라 선택지도 달라진다. 동부이촌동처럼 한강 바로 앞 라인을 노릴 수도 있고, 조금 예산을 낮추면 도원동이나 문배동 쪽으로 접근하는 방법도 있다. 입지의 서열을 이해하고, 그 안에서 진입 가능한 위치를 찾는 과정이다.

성동구는 마포와 늘 비교되는 지역이다.

어디가 더 상급지인지, 어디가 더 빠르게 움직이는지 이야기가 끊이지 않는다. 그만큼 두 지역 모두 서울에서 중요한 축을 형성하고 있다는 의미다.

성동구는 흔히 '뒷구정동'이라는 표현을 쓴다. 압구정동 뒤쪽에 붙어 있는 입지라는 의미다. 강남 접근성이 그만큼 좋다는 뜻이다. 3호선을 따라 강남으로 이동하기가 편하고, 동시에 원도심으로의 이동도 빠르다. 그래서 직장인 수요가 굉장히 많고, 특히 전문직 종사자 수요가 꾸준히 들어오는 지역이다.

강남이 움직이면 그다음으로 반응하는 곳이 성동이라는 이야기가 나오는 것도 이 때문이다. 물리적으로 가깝고, 생활권이 이어져 있기 때문이다. 성수동 일대는 이미 카페와 문화가 자리 잡으면서 젊은 층의 유입도 활발하다. 이런 흐름은 단순한 유행이 아니라 도시가 성장하는 과정에서 자연스럽게 나타나는 현상이다.

현장에서 컨설턴트로 일을 하다 보면 마용성 집을 보러 다니는 사람들의 표정을 자주 보게 된다. 그 사람들의 표정에는 공통점이 있다. 굉장히 밝다. 그 밝음은 단순히 좋은 집을 보러 와서 생기는 설렘이 아니다. 지금까지 버텨온 시간에 대한 보상 같은 감정이 얼굴에 나타난 것이다.

"내가 여기까지 왔구나."

"이제 이런 집을 보는 사람이 되었구나."

그 감정이 자연스럽게 표정으로 드러난다. 지난 시간 동안의 수고와 결단력을 스스로 인정하는 순간이기 때문이다. 서울 한강변, 마용성에 등기를 친다는 것은 그 자체로 하나의 결과다. 4×4 룰의 마지막 단계에 들어섰다는 증거다. 여기까지 온 사람은 많지 않다.

대한민국 전체 가구 수를 생각해보면, 20억 이상의 아파트를 살 수 있는 사람은 분명히 상위권에 속한다. 서울 안에서도 그 가격대에 접근할 수 있는 사람은 제한적이다. 단순히 돈이 많다고 되는 것이 아니라, 시간과 경험과 선택이 쌓여야 가능한 자리다.

그 자리에 지금 당신이 서 있다. 이건 단순히 집값이 높다는 의미가 아니다. 내가 어떤 위치까지 올라왔는지를 보여주는 상징 같은 것이다. 지금까지의 시간, 선택, 결단이 하나로 모여 만들어낸 결과다. 이제 마지막이다. 서울 한강변, 마용성.

그곳에 깃발을 꽂자. 4×4 룰의 마지막 단계에 들어선 당신에게, 충분히 어울리는 자리다.

# 강남, 여의도, 동부이촌동, 잠실 : 대한민국 부동산의 종착역에 내리다

4×4 사이클을 따라 여기까지 왔다면, 마포·용산·성수 정도의 상급지에는 충분히 안착할 수 있는 단계에 도달해 있을 것이다. 그것만으로도 이미 대단한 성과다. 서울 중심부, 한강을 끼고 있는 핵심 지역에 내 집을 갖는다는 것 자체가 누구에게나 가능한 일이 아니기 때문이다.

하지만 사람의 삶에는 늘 변수가 있다. 그 변수는 때로는 위기가 되기도 하고, 때로는 기회가 되기도 한다. 사업이 잘 풀릴 수도 있고, 예상치 못한 소득이 생길 수도 있고, 투자 타이밍이 맞아 떨어질 수도 있다. 저축, 노력, 인내, 절제, 그리고 운까지 더해지면 생각보다 더 빠르게 자산이 커지기도 한다. 저자는 그 변수들이 여러분에게 좋은 방향으로 작용했기를 바라는 마음이다. 만약 그런 기회가 한 번이라도 찾아왔다면, 그리고 그 기회를 놓치지 않고 잘 붙잡았다면, 마용성에서 한 단계 더 위를 바라볼 수 있는 시점이 온다. 그곳이 바로 30억 이상의 가격대가 형성되는 대한민국 최상급지다.

강남, 여의도, 동부이촌동, 잠실

이 네 지역은 단순히 비싼 동네가 아니다. 대한민국 부동산 시장의 상징이자, 사실상 종착역 같은 곳이다. 평생 팔지 않아도 되는 집을 찾는다면, 결국 이 이름들로 수렴하게 된다.

부동산 시장에서 '베스트 오브 베스트'라는 표현이 있다면, 이곳들이 바로 그 자리에 해당한다. 시간이 흘러도 입지의 힘이 무너지지 않는 곳, 오히려 시간이 지날수록 더 단단해지는 곳, 돈이 모이고 사람이 모이고 수요가 끊기지 않는 곳이다.

## 1) 강남 : 서울 부동산의 중심축, '목표' 그 자체

강남은 단순히 하나의 지역이 아니라 서울 부동산의 기준점이다. 강남의 움직임은 곧 서울 시장의 분위기를 만든다. 테헤란로를 기준으로 북쪽과 남쪽의 성격이 조금 다르게 나뉜

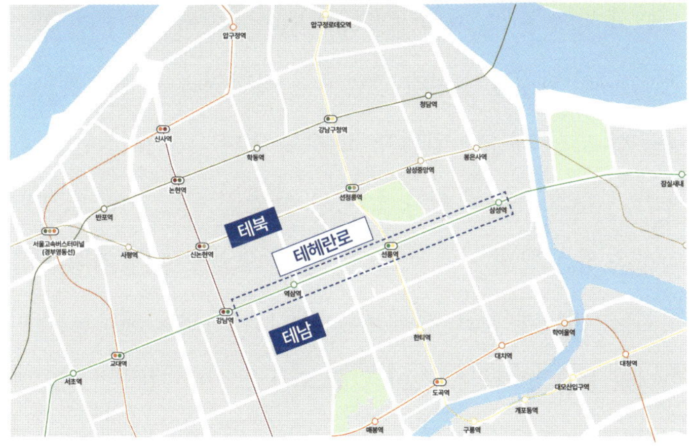


다. 흔히 테북, 테남이라는 표현을 쓰는데, 테북은 전통적인 부자들이 오래도록 자리를 잡아 온 지역이다. 압구정, 청담, 반포, 잠원, 삼성동, 논현동 같은 동네들이 여기에 해당한다. 오랜 시간 동안 부가 축적되어 온 곳이고, 그만큼 주거지로서의 상징성이 크다.

반면 테남은 비교적 신흥 부자들이 자리 잡은 지역으로 이 야기되곤 한다. 대치동, 도곡동, 서초동, 개포동 등이 여기에 속한다. 학군, 직장 접근성, 생활 인프라가 탄탄하게 자리 잡으면서 새로운 부의 중심이 만들어진 곳이다.

강남은 그 자체로 하나의 목표다.

진입할 수만 있다면, 강남으로 들어가는 것이 가장 강력한 선택이 될 수 있다. 가격대는 30억부터 시작하는 경우가 많지만, 4×4의 과정에서 여러 번의 좋은 타이밍을 잘 활용했다면 충분히 도전 가능한 범위가 될 수도 있다. 16년이라는 시간 동안 꾸준히 움직여 왔다면, 이미 시장을 보는 눈도 생겼고, 임장을 하는 방법도 익혔고, 흥정하는 능력도 몸에 배어 있을 것이다. 비싸게 팔고, 싸게 사는 감각은 책으로 배우는 것이 아니라 몸으로 익히는 것이다. 그 과정을 이미 여러 번 겪었다면, 마지막 한 번의 선택은 이전보다 훨씬 단단해진 상태에서 할 수 있다. 마포, 용산, 성동도 분명히 좋은 지역이다. 그곳에 안착하는 것만으로도 충분히 성공한 선택이다. 하지만 더 올라갈 수 있는 기회가 온다면, 강남으로 한 번 더 움직이는 것도 생각해 볼 만하다.

## 2) 여의도·동부이촌동 : '입지는 완성'이고, 재료는 남았다

강남의 어깨 쪽에는 또 다른 선택지들이 있다. 잠실, 여의도, 동부이촌동이다. 이 세 지역은 강남과 같은 선상에 놓고 비교해도 될 만큼 상징성과 입지의 힘이 강하다.

여의도와 동부이촌동은 전통적인 부촌이다. 지금은 40~50년 된 아파트들이 많아 낡은 이미지가 있지만, 그 자체로 이미 입지가 완성된 지역이다. 과거에는 여의도와 동부이촌동이 부의 중심지였고, 시간이 지나면서 많은 사람들이 강남으로 이동했다.

그 이유 중 하나는 주거 환경의 노후화였다. 하지만 지금은 리모델링과 재건축이라는 카드가 있다. 오래된 단지들이 새롭게 정비되기 시작하면, 과거의 위상을 되찾을 가능성이 충분하다. 핵심은 이것이다.

"여의도와 동부이촌동은 '입지의 바닥'이 움직이지 않는다."

한강을 끼고 있고, 도심과 가깝고, 금융과 행정의 중심지와 맞닿아 있다. 이런 입지는 시간이 지날수록 다시 재평가되는 경우가 많다. 과거 강남으로 이동했던 부의 흐름이 다시 돌아오는 현상도 충분히 상상해볼 수 있다.

### 3) 잠실 : '준강남'이 아니라, 사실상 '강남 옆 강남'

잠실은 또 다른 성격의 지역이다. 지금은 사실상 강남과 비슷한 위상을 가진 '준강남'이라고 봐도 될 정도다. 대단지 아파트들이 밀집해 있고, 학군과 생활 인프라가 탄탄하며, 교통망도 계속 확장되고 있다.

지하철 노선 확장과 급행 노선의 영향으로 강남 접근성이 크게 좋아졌고, 여의도나 마곡까지의 이동도 훨씬 수월해졌다. 서울 동남권의 핵심 주거지로 자리 잡으면서, 강남을 바로 옆에서 받쳐주는 역할을 하는 지역이 되었다. 잠실의 힘은 단순하다.

"대단지 + 학군 + 인프라 + 직장 접근성"

이 네 가지가 한 번에 겹치는 곳은 서울에서도 흔치 않다.


### 4) '마지막 깃발'은 결국 이름이 반복된다

여의도, 잠실, 동부이촌동은 같은 선상에 놓고 비교해봐도 좋다. 모두 30억 전후에서 시작하는 가격대이지만, 각 지역의 대장 아파트라면 강남 중급지보다 더 높은 평가를 받는 경우도 있다. 결국 대한민국 부동산의 종착역에 가까워질수록 선택지는 자연스럽게 좁혀진다.

한남, 성수, 목동, 강동 등 미래가치가 높은 지역들도 분명히 있다. 시간이 지나면 또 한 번 크게 움직일 가능성이 있는 지역들이다. 하지만 '마지막 깃발'을 꽂는다는 관점에서 보면, 결국 이름이 반복되는 곳은 정해져 있다.

'강남, 여의도, 동부이촌동, 잠실'

이 네 곳은 단순히 지금 좋다는 의미가 아니라, 수십 년 동안 입지의 힘이 유지되어 온 곳이다. 한강변 라인, 서울 중심 라인, 직장과 교육과 생활이 모두 모여 있는 곳. 이런 조건이 동시에 갖춰진 지역은 생각보다 많지 않다.

그래서 '입지는 변하지 않는다'는 말을 하는 것이다. 건물은 낡고 새로 지어지지만, 위치는 그대로 남는다. 한강은 사라지지 않고, 도심은 이동하지 않는다. 그 위에 올라간 집값은 시간이 지나도 결국 다시 수요가 모이게 된다.

## 5) 최상급지는 '폭등'보다 '묵직한 상승'이 무섭다

대한민국 최상급지에 깃발을 꽂는다는 것은 단순히 비싼 집을 산다는 의미가 아니다. 내 인생의 긴 싸움이 하나의 결과로 남는 순간이다.

집값이 오를 때 이 지역들은 빠르게 폭등하기보다는, 묵직하게 오른다. 단단하게 쌓여 올라간다. 그래서 더 무섭다. 자산이 커지는 속도가 눈에 보이게 달라진다. 이곳은 자산증식의 꽃이라고 볼 수 있다.

돈 많은 사람은 생각보다 많다. 그리고 그들은 계속해서 같은 곳으로 모인다. 강남, 여의도, 동부이촌동, 잠실. 이 네 곳은 수요가 끊기지 않는다. 인플레이션이 오든, 화폐가치가 떨어지든, 자산을 지키려는 사람들은 결국 이곳으로 들어온다.

그래서 가격이 내려가도 다시 회복되는 힘이 있다. 시장이 흔들려도 결국 마지막에 수요가 결집되는 곳이 이곳들이다.

## 6) 목표를 위로 두면, 선택이 흔들리지 않는다

4×4의 목표를 마·용·성에서 끝내지 말고, 강남·여의도·잠실·동부이촌동까지 확장해서 생각해보는 것도 좋다. 목표를 높게 잡는다고 해서 당장 무리하라는 이야기가 아니다. 하지만 방향을 더 위로 설정해두면 선택의 폭이 넓어진다. 무엇보다, 중간 과정에서 흔들릴 일이 줄어든다.

부모의 도움 없이도, 꾸준히 모으고, 아끼고, 불리고, 다시 움직이면 충분히 가능하다. 16년이라는 시간은 짧지 않다. 그 시간 동안 사람은 완전히 다른 사람이 된다.

그리고 어느 날, 등기사항증명서를 바라보며 이런 생각을 하게 될 것이다.

"여기까지 오느라 정말 치열하게 살았구나."

그 순간, 스스로를 가장 크게 칭찬하게 된다. 그리고 그 집은 단순한 집이 아니라, 내 인생의 결과가 된다.

# 4x4 16년의 여정,
# 당신의 노후는 이제
# 서울 성곽 안에서 보호받는다

처음 시작할 때를 떠올려보자. 통장에 모여 있던 돈은 많지 않았고, 서울 아파트는 너무 멀게만 느껴졌을 것이다. 뉴스에서는 연일 집값이 올랐다는 이야기만 쏟아졌고, 주변에서는 "지금은 늦었다"는 말이 당연한 듯 반복되었다. 그 말이 맞는 것처럼 들렸고, 그래서 더 조심스러워졌고, 그래서 더 망설이게 되었을 것이다.

그때의 목표는 거창하지 않았다. 서울이 아니라 수도권이었고, 수도권 안에서도 역세권이면 좋겠다는 정도의 마음이었다. 그저 시작을 해보자는 마음, 버틸 수 있는 선에서 한 발을 디뎌보자는 마음이었다.

그런데 시간이 흐르면서 이상한 변화가 생기기 시작한다. 3억 원이 모였고, 어느 순간 10억 원짜리 집을 고민하게 되었고, 다시 몇 년이 지나자 15억 원이라는 숫자가 입 밖으로 나오기 시작했다. 이 변화는 하루아침에 생긴 것이 아니다. 대출력이 늘어났고, 연봉이 올라갔고, 신용이 쌓였고, 저축이 쌓였다. 그리고 무엇보다 중요한 것은 시장을 보는 눈이 생겼다는 점이다. 이제는 감으로 움직이지 않는다. 데이터를 보고, 매물률을 보고, 입지를 보고, 타이밍을 읽는다. 어느 동네가 수요가 모이는 곳인지, 어느 지역이 버티는 힘이 있는지, 어느 시점에 움직여야 하는지 스스로 판단할 수 있는 감각이 생겼다.

처음 집을 살 때의 떨림과, 두 번째 갈아탈 때의 두려움과, 세 번째 선택 앞에서의 망설임을 이미 다 지나왔다. 그 시간들이 쌓여서 지금의 당신을 만들었다. 그리고 지금, 16년의 끝자락에 서 있다.

이 시점에서 서울 상급지에 입성한다는 것은 단순히 '좋은 집으로 이사 간다'는 의미가 아니다. 삶의 무게 중심이 완전히 달라지는 순간이다. 인생의 좌표가 옮겨지는 순간이다. 그래서 저자는 이 표현을 자주 쓴다. "서울 성곽 안으로 들어왔다."

조선시대에도 성곽 안과 밖은 완전히 다른 세계였다. 성안은 보호받는 공간이었다. 행정과 경제가 모여 있었고, 사람이 몰렸고, 물자가 몰렸고, 기회가 몰렸다. 삶의 중심이 그 안에 있었다. 반대로 성 밖은 늘 변수가 많았다. 흉년이 들면 먼저 흔들렸고, 전쟁이 나면 먼저 무너졌다. 중심에서 멀어질수록 불확실성이 커졌다.


부동산도 비슷하다. 서울, 특히 중심부는 대한민국이라는 하나의 거대한 성곽 안에 있는 핵심 공간이다. 돈이 몰리고, 일자리가 몰리고, 인프라가 몰리고, 수요가 몰리는 곳이다.

그래서 서울 안과 밖의 자산 흐름은 시간이 지날수록 격차가 벌어진다.

경기가 좋을 때는 격차가 더 크게 벌어지고, 경기가 나쁠 때는 중심부가 먼저 버틴다. 결국 자산의 안정성은 위치에서 결정된다.

이제 그 성 안으로 들어온 것이다.

앞으로 20년, 30년이 흐른다.

세상이 바뀌고, 산업이 바뀌고, 돈의 흐름도 계속 바뀐다.

하지만 그 모든 변화 속에서도 절대 사라지지 않는 것이 있다. '사람이 모이는 곳'이다.

사람은 직장이 있는 곳으로 모이고, 편한 곳으로 모이고, 교육이 좋은 곳으로 모인다.

그리고 그 중심에 항상 서울이 있다. 서울에서도 중심은 다시 좁혀진다. 한강을 중심으로,

업무지구를 중심으로, 학군을 중심으로.

그래서 서울 상급지는 시장의 영향을 덜 받는다. 집값이 떨어질 때도 있고, 조정이 오기도 한다. 하지만 결국 다시 모인다. 다시 올라간다. 살고 싶어 하는 사람이 계속 생기기 때문이다.

그래서 이 단계에 들어오면 집을 보는 기준이 달라진다. 이제는 단기 시세차익이 아니라, 삶의 안전판을 보는 시점이다. 이 집이 내 노후를 지켜줄 수 있는가. 이 위치가 내 자녀 세대까지 이어질 수 있는가. 이 질문을 스스로에게 던지게 된다. 서울 상급지의 힘은 가격 상승에만 국한된 게 아니다.

위기가 와도 버티고, 경제가 흔들려도 버티고, 시장이 출렁여도 버틴다. 그게 중심지의 힘이다. 16년 동안 당신은 세 번, 네 번 이사를 했다. 좋은 매물을 찾으려고 임장을 다녔고, 부동산 사무소 문을 수없이 열고 닫았고, 매수자와 매도자 사이에서 가격을 두고 팽팽하게 밀고 당겼다.

팔 때는 불안했고, 살 때는 더 불안했다. 대출을 일으킬 때

마다 손이 떨렸고, 계약서를 쓸 때마다 밤잠을 설쳤다. 그 모든 시간을 지나서 여기까지 왔다. 그 과정이 있었기 때문에 지금의 자리가 더 단단하다.

이제는 자산을 키우는 단계에서 자산을 지키는 단계로 들어온 것이다.

이 집은 단순한 거주지가 아니다. 당신의 16년이 응축된 결과물이다. 그리고 동시에 앞으로의 30년을 지켜줄 기반이다. 서울 상급지에 자리를 잡았다는 것은 노후의 방향이 이미 절반은 결정되었다는 뜻이다. 자산이 어디에 위치해 있는지가 노후의 안정감을 좌우한다.

서울 중심부의 아파트는 그 자체로 하나의 자산 방어막이 된다. 물가가 올라가든, 화폐가치가 떨어지든 결국 사람들은 핵심 입지로 다시 모인다. 그래서 이곳은 시간이 지날수록 더 단단해진다. 이제 당신의 노후는 서울이라는 성곽 안에서 조용히, 그리고 단단하게 보호받기 시작한다.

# 마지막 4단계 주택은 '투자'가 아니라 '유산'이다

여기까지 왔다면 생각의 방향이 한 번 바뀌어야 한다. 처음 집을 살 때의 기준과, 두 번째 집을 갈아탈 때의 기준과, 마지막 집을 고를 때의 기준은 완전히 달라야 한다. 같은 '집'이라는 단어를 쓰고 있지만, 그 안에 담긴 의미는 단계마다 전혀 다르다.

처음 집은 '시작'이었다. 두 번째 집은 '점프'였고, 세 번째 집은 '속도'를 붙이기 위한 선택이었다. 하지만 마지막 4단계의 집은 다르다.

이 집은 더 이상 투자 상품이 아니다. 이 집은 '결과물'이고,

동시에 '유산'이다.

이 지점에서는 관점이 완전히 바뀌어야 한다. 이제는 얼마가 오를까를 보는 단계가 아니라, 얼마나 오래 지킬 수 있을까를 보는 단계다. 그동안은 상승 가능성과 타이밍을 보며 움직였다면, 이제는 안정성과 지속성을 보며 자리를 잡아야 한다.

이 집은 시세차익을 위해 사고파는 집이 아니다. 내 인생을 지켜주고, 내 가족을 지켜주고, 다음 세대를 지켜주는 집이다. 그래서 마지막 집은 투자 관점이 아니라 보존의 관점으로 바라보는 것이 맞다. 입지를 보는 기준도 자연스럽게 달라진다. 단기 상승이 아니라 50년, 100년을 내다보는 시선이 필요해진다. 지금 좋다는 이유만으로 선택하는 것이 아니라, 시간이 지나도 중심에 남아 있을지를 생각해야 한다.

사람이 계속 모일 곳인가. 직장이 계속 유지될 곳인가. 교육이 계속 살아 있을 곳인가. 수요가 끊기지 않을 곳인가.

이 질문에 '그렇다'고 답할 수 있는 곳이 마지막 집이 되어야 한다.

그래서 서울 상급지가 중요한 것이다. 강남, 여의도, 잠실, 용산, 한강변 라인. 이곳들은 지금도 좋지만 시간이 지나도 계속 중심일 가능성이 높은 곳들이다. 새로운 지역이 떠오르기도 하고, 일시적으로 주목받는 곳도 생기지만, 이미 완성된 입지는 쉽게 무너지지 않는다.

입지는 시간이 갈수록 더 단단해진다. 새로 생기는 것도 있지만, 완성된 입지는 쉽게 흔들리지 않는다. 사람의 흐름이 쌓이고, 생활의 패턴이 굳어지고, 자산의 밀도가 높아지면 그 자체로 하나의 중심이 된다. 마지막 4단계에서 집을 고른다는 것은 단순히 내가 살 집을 고르는 일이 아니다. 내가 머무를 공간을 선택하는 동시에, 내 자녀가 물려받을 자산을 고르는 일이기도 하다. 그래서 생각이 깊어질 수밖에 없다.


내가 나이가 들었을 때 이 집이 나를 지켜줄 수 있을까. 내 자녀가 성인이 되었을 때 이 집이 하나의 기반이 되어줄 수 있을까. 이 질문에 답을 찾는 과정이 바로 마지막 갈아타기다.

이 단계에서는 '싸게 사서 비싸게 판다'는 개념보다 '지켜야 할 자산을 만든다'는 개념이 더 중요해진다. 그동안은 자산을 불리는 데 집중했다면, 이제는 자산을 보호하는 단계로 넘어간다. 그래서 마지막 집은 시간이 지나도 가치가 유지되는 곳에 두는 것이 맞다. 한 번 자리를 잡으면 더 이상 무리해서 갈아탈 필요가 없다. 오히려 지키는 것이 중요해진다.

현금흐름을 안정시키고, 집을 오래 가져가는 방향으로 생각이 바뀐다.

그때부터는 집이 자산을 불리는 도구에서 삶을 안정시키는 울타리로 바뀐다. 그 울타리 안에서 가족이 살고, 시간이 쌓이고, 다음 세대가 자란다. 자녀에게 집을 물려준다는 말은 단순히 부를 물려준다는 의미가 아니다. 그것은 기회를 물려주는 것이다.

서울 중심지에 기반을 두고 시작하는 것과 아무 기반 없이 시작하는 것은 출발선 자체가 다르다. 그 차이는 시간이 지날수록 더 크게 벌어진다. 그래서 마지막 집은 '나를 위한 집'이면서 동시에 '자녀를 위한 기반'이 된다.

이제 집을 바라보는 시선이 달라진다. 가격이 조금 흔들려도 불안하지 않다. 왜냐하면 단기 수익이 목적이 아니기 때문이다. 이 집은 당장의 수익보다 긴 시간 동안 나를 지켜줄 자산이기 때문이다. 이 집은 내 삶의 시간을 품고, 내 가족의 시간을 품고, 다음 세대의 시간을 품게 된다. 그렇게 생각하기 시작하면 집의 의미 자체가 달라진다.


마지막 4단계에서의 선택은 투자의 끝이 아니라 삶의 시작이다. 더 이상 쫓아가지 않아도 되고, 더 이상 비교하지 않아도 된다. 이제는 내 자리를 지키는 단계다.

그 자리를 서울 한가운데에, 대한민국의 중심에 만들어두는 것이다. 그 자리는 단순한 주소가 아니라, 내 인생이 쌓여 만들어낸 결과이고, 앞으로의 시간을 지켜줄 기반이 된다. 그것이 바로 4×4의 마지막 의미다.

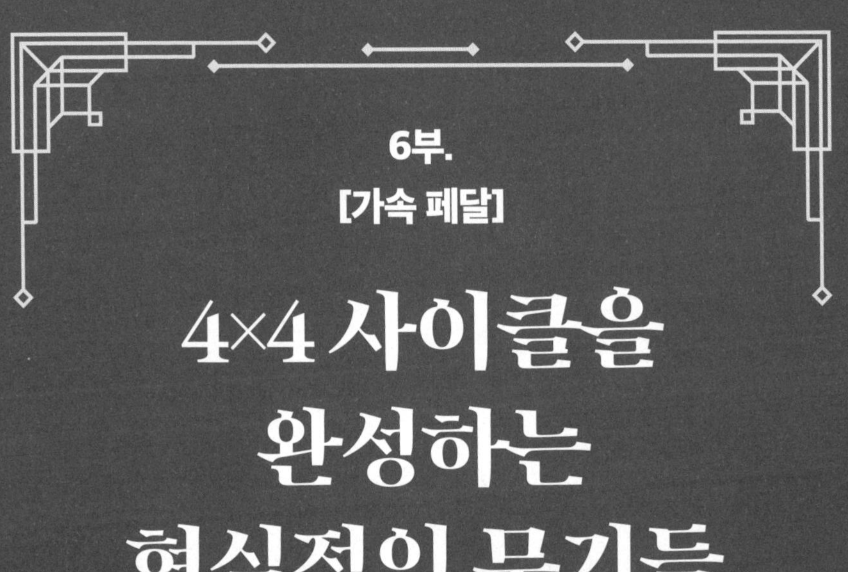


6부.
[가속 페달]

4×4 사이클을
완성하는
현실적인 무기들

# 부모 찬스가 있는 사람을 이기는 법 : 시간을 레버리지로 써라

누군가는 출발선이 다르다. 이건 부정할 수 없는 사실이다.

누군가는 사회에 나오자마자 전세금을 지원받고, 누군가는 결혼할 때 아파트 계약금이 생기고, 누군가는 첫 집부터 서울에서 시작한다. 같은 나이에 비슷한 출발을 했다고 생각했는데, 어느 순간부터 격차가 크게 벌어져 있는 것을 보게 된다. 그 모습을 보면서 마음이 흔들릴 때가 있다.

"나는 왜 이렇게 시작해야 하지?" "저 사람은 그냥 올라가는데…"

누구나 한 번쯤 이 감정을 느낀다. 그리고 바로 그 지점에서 많은 사람들이 멈춘다. 출발선이 다르다는 사실을 인정하는 순간, 스스로를 뒤처진 사람으로 규정해버리기 때문이다.

하지만 이 책을 여기까지 읽어온 사람이라면 이미 알고 있을 것이다. 출발선이 다르다고 해서 도착점까지 다른 것은 아니라는 것을 말이다.

부모 찬스는 분명 강력하다. 처음 계단을 두세 칸 건너뛰게 만들어준다. 시작부터 서울에 들어가고, 좋은 입지에서 출발하고, 작은 실패를 해도 다시 일어설 수 있는 안전망이 생긴다. 그것만으로도 분명 큰 차이다. 하지만 계단은 계속 이어진다. 그 이후의 구간은 결국 자기 힘으로 올라가야 한다. 그리고 그 구간이 생각보다 길다.


여기서 중요한 개념이 하나 있다. 돈이 없는 사람에게는 시간이 레버리지다.

돈이 한 번에 들어오면 한 번에 점프할 수 있다. 단숨에 상급지로 이동하고, 큰 자산 위에서 시작할 수 있다. 하지만 시간이 쌓이면 조금씩, 그러나 꾸준히 올라갈 수 있다.

시간은 눈에 보이지 않지만 가장 강력한 복리의 힘을 가진 자산이다. 처음 집을 샀을 때는 작은 평수, 외곽 지역, 낡은 아파트였을 것이다. 조건이 완벽하지도 않았고, 입지가 최상급도 아니었을 것이다. 하지만 그 집이 시간을 먹는다.

시간을 먹고, 수요를 먹고, 인프라를 먹고, 시장을 먹으면서 조금씩 몸집을 키운다.

그리고 어느 순간 그 집이 다음 집의 발판이 된다.

이게 시간 레버리지다. 부모 찬스는 한 번에 큰 돌을 던져서 멀리까지 파장을 만드는 방식이다. 시작부터 큰 물결이 생긴다. 하지만 그 파장은 시간이 지나면 약해질 수도 있다.

시간 레버리지는 작은 돌을 계속 던져서 파장을 이어가는 방식이다. 하나의 파장이 끝나기 전에 다음 파장이 이어진다. 그 흐름이 끊기지 않는다.


결국 중요한 건 물결이 끊기지 않는 것이다. 4×4 사이클이 바로 그 구조다.

4년을 하나의 단위로 잡는 이유는 단순히 돈을 모으기 위한 시간이기도 하지만, 시장을 기다리는 시간이기도 하다. 자산이 성장할 수 있는 타이밍을 만드는 시간이기도 하다. 첫 4년은 자산의 씨앗을 심는 시간이다. 두 번째 4년은 그 씨앗이 눈덩이가 되는 시간이다.

세 번째 4년은 그 눈덩이를 서울로 밀어 넣는 시간이다. 마지막 4년은 그 눈덩이가 바위가 되는 시간이다.

부모 찬스가 있는 사람은 처음부터 눈덩이를 들고 시작한다. 크고 단단한 덩어리를 이미 손에 쥐고 출발한다. 하지만 눈덩이는 녹기도 한다. 잘못된 선택을 하면 순간에 작아지기도 한다. 시장을 모르고 올라간 자산은 하락장에서 쉽게 흔들리기도 한다.

반면 시간으로 키운 눈덩이는 천천히 만들어지기 때문에 쉽게 무너지지 않는다. 그 안에는 단순한 돈이 아니라 경험이 들어 있기 때문이다.

시장에 대한 이해, 매물 보는 눈, 흥정하는 감각, 대출을 다루는 능력.

이 모든 것들이 시간 속에서 함께 자란다. 그래서 시간이 무서운 것이다.

시간을 아군으로 만든 사람은 처음엔 느려 보여도 결국 멀리 간다. 남들보다 뒤에서 시작했어도, 꾸준히 올라간 사람은 결국 비슷한 높이에 도달한다. 부동산은 단거리 달리기가 아니다. 마라톤이다. 처음에 100m 앞서가는 사람이 끝까지 이기는 경기가 아니다. 호흡을 유지하는 사람이 이긴다.

그래서 부모 찬스가 없는 사람에게 가장 필요한 건 속도가 아니라 리듬이다. 무리하지 않는 리듬, 끊기지 않는 리듬, 포기하지 않는 리듬.

그 리듬을 만들어주는 것이 바로 4년이라는 시간 단위다. 이 4년 동안 돈을 모으고, 대출을 줄이고, 연봉을 올리고, 시장을 공부한다. 그리고 다음 4년으로 넘어간다.

이 과정을 네 번 반복하면 결과는 완전히 달라진다.

처음 시작할 때는 "나는 부모 도움 없이 어떻게 서울로 가…"라는 생각이 들었을 것이다.

하지만 8년이 지나면 수도권 중심부에 서 있고, 12년이 지나면 서울에 들어와 있고, 16년이 지나면 서울 상급지를 보고 있다.

이게 시간의 힘이다. 부모 찬스는 한 번에 큰 계단을 오르게 해준다. 하지만, 시간 레버리지는 계단을 부수면서 올라가게 만든다. 그래서 더 단단하다.

전문가의 시선으로 보자면 자산이 성장하는 방식은 크게 두 가지다.

첫째는 자본 투입형이다. 큰돈이 들어가면서 빠르게 점프하는 방식이다.

둘째는 시간 누적형이다. 작은 자산이 시세차익과 갈아타기를 반복하면서 계단식으로 커지는 방식이다.

부모 찬스가 있는 사람은 첫 번째 방식을 쓴다. 하지만 대부분의 사람은 두 번째 방식으로 간다. 그리고 놀랍게도 장기적으로 보면 두 번째 방식이 더 안정적이다. 왜냐하면 그 과정에서 시장을 배우기 때문이다. 시장을 이해하는 사람은 한 번 넘어져도 다시 일어난다. 하지만 이해 없이 올라간 사람은 한 번의 하락에도 크게 흔들린다.

그래서 시간은 단순한 기다림이 아니라 훈련의 시간이다. 부모가 자산을 물려줄 수는 있다. 하지만 판단력을 물려주지는 못한다. 그 판단력은 시간 속에서만 생긴다. 임장을 다니면서, 계약을 해보면서, 매도를 해보면서, 대출을 받아보면서. 그렇게 몸으로 익힌 감각은 어떤 돈보다 강력하다.

# 세금도 운영비다 : 취득세, 양도세, 보유세를 알아야 4년 주기가 완성된다

부동산은 숫자의 싸움이다. 감으로 들어가고, 감으로 버티고, 감으로 나오는 시장이 아니다.

특히 4×4 사이클처럼 4년 단위로 갈아타기를 반복하는 전략에서는 세금을 모르면 수익이 남지 않는다. 집값의 상승만 보고 판단하면 계산이 맞지 않는다. 실제로 통장에 남는 돈은 가격표에 적힌 숫자가 아니라 세금을 빼고 남은 금액이기 때문이다.

많은 사람들이 집값이 얼마 올랐는지만 본다.

"10억 원에 샀는데 15억 원 됐어요." "5억 원 벌었어요."

겉으로 보면 맞는 말이다. 하지만 그 안을 들여다보면 이야기가 달라진다. 세금을 계산하는 순간 수익의 모양이 완전히 바뀐다. 취득할 때 한 번, 보유하면서 매년, 팔 때 또 한 번.

부동산은 사고 → 가지고 있고 → 파는 이 세 구간마다 세금이 붙는다. 이 흐름을 이해하지 못하면 갈아타기를 반복해도 자산이 눈덩이처럼 커지지 않는다. 오히려 수수료와 세금만 내다가 제자리걸음을 하는 경우도 생긴다. 그래서 세금을 모르면 수익률 계산이 틀어지고, 수익률 계산이 틀어지면 4년 주기 전략 자체가 무너진다.

이 챕터에서 말하고 싶은 건 하나다. 세금을 알아야 갈아타기의 타이밍이 완성된다.

첫 번째는 취득세다.

집을 살 때 들어가는 첫 비용이다. 이 비용을 빼놓고는 진짜 투자금이 얼마인지 계산이 안 된다. 많은 사람들이 집값만 보고 "이 정도면 들어갈 수 있겠다"라고 판단한다. 그런데 계약 직전에 취득세와 부대비용을 계산해보면 생각보다 금액이 커서 당황하는 경우가 많다. 취득세는 단순히 집값에 일정 비율이 붙는 개념으로 끝나지 않는다. 주택 수에 따라 달라지고,

규제 여부에 따라 달라진다. 그래서 같은 가격의 집을 사더라도 사람마다 내는 취득세가 다르다.

이게 중요한 이유는 간단하다. 취득세는 첫 번째 점프의 높이를 결정하기 때문이다.

예를 들어 같은 10억 원짜리 집을 사더라도, 주택수에 따라서 취득세가 몇 천만 원 차이가 나는 경우도 있다. 1주택 갈아타기를 잘해서 중과를 피하면서 움직여야 한다.

그래서 집을 보러 다닐 때부터, 이 집을 샀을 때 취득세가 얼마나 들어가는지 미리 계산하는 습관을 들여야 한다. 집값만 보는 게 아니라 총투자금이 얼마인지 보는 눈이 필요하다.

두 번째는 보유세다. 보유세는 매년 조용히, 꾸준히, 계속 나간다. 그래서 많은 사람들이 처음에는 신경을 안 쓴다. 당장 큰돈이 나가는 게 아니기 때문이다.

하지만 시간이 지나면 이 비용이 수익률에 영향을 준다. 특히 상급지로 갈수록 보유세는 점점 커진다. 공시가격이 높아질수록 재산세가 올라가고 때에 따라 종부세도 발생하게 된다.

그래서 매년 한 번씩은 보유세를 시뮬레이션해보는 게 좋다. 이 집을 4년 동안 들고 갔을 때 매년 어느 정도 비용이 나가는지, 그 비용을 감당할 수 있는지를 미리 계산해보는 것이다.

요즘은 부동산 계산기가 잘 되어 있어서 공시가격만 입력하면 재산세, 종부세가 어느 정도 나오는지 대략적인 금액을 확인할 수 있다. 공시가격은 국토부에서 제공하는 공시가격 조회 서비스를 통해 주소만 입력하면 확인할 수 있다.

이 공시가격이 보유세 계산의 기준이 된다. 그래서 갈아타기를 계획할 때 "이 집을 4년 동안 들고 가면 매년 보유세가 얼마 나갈까"를 미리 계산해보는 것이 중요하다. 그게 바로 현실적인 수익률 계산이다.

보유세는 단순한 비용이지만, 이 비용을 감당할 수 있는지가 버틸 수 있는 힘과 연결된다. 4년이라는 시간을 채우려면 결국 버텨야 한다. 그 버팀의 핵심이 현금흐름이다.

세 번째이자 가장 중요한 것이 양도세다.

많은 사람이 여기서 수익이 갈린다. 양도세를 어떻게 내느냐에 따라 같은 집을 팔아도 남는 돈이 완전히 달라진다. 그래서 4×4 전략에서 가장 핵심이 되는 것이 양도세 비과세다.

비과세를 받으면 수익이 거의 그대로 남는다. 하지만 비과세를 못 받으면 생각보다 큰 금액이 빠져나간다. 수익이 오른 것처럼 보여도 실제로 손에 남는 돈은 훨씬 줄어든다.

그래서 반드시 기억해야 할 것이 있다. 규제지역, 특히 조정대상지역에서는 비과세를 받으려면 실거주 2년 조건이 붙는 경우가 많다. 여기서 중요한 건 "2년"이라는 시간이다.

그냥 2년이 아니다. 날짜를 정확히 계산해야 하는 2년이다. 언제 들어갔는지, 언제 전입신고를 했는지, 언제 실제로 거주를 시작했는지. 이게 모두 기록으로 남는다.

그래서 갈아타기를 계획할 때는 이 2년을 기준으로 움직여야 한다. 괜히 몇 달 먼저 팔았다가 비과세 요건을 못 채우는 경우도 있다. 그 순간 수익률이 확 줄어든다. 그래서 4년 주기를 잡을 때도 이 2년이라는 시간을 같이 넣어서 계산해야 한다.

2년은 거주하고, 2년은 기다리고, 그 뒤 매도 타이밍을 보는 것.

이게 하나의 흐름이 된다. 세금은 피하는 게 아니라 설계하는 것이다. 어떻게 하면 덜 낼 수 있는지, 어떻게 하면 합법적으로 줄일 수 있는지, 어떻게 하면 타이밍을 맞출 수 있는지. 이걸 아는 사람과 모르는 사람은 같은 집을 사고팔아도 결과가 완전히 달라진다.

그래서 수익률을 계산할 때는 항상 이렇게 생각해야 한다.

집값 상승분 - 취득세 - 보유세 - 양도세

이게 진짜 수익이다. 여기에 대출이자가 빠지고, 이사 비용이 빠지고, 중개보수까지 빠지면 더 현실적인 숫자가 나온다. 그 숫자가 다음 집으로 점프할 수 있는 힘이 된다. 이 과정을 매번 반복해보면 갈아타기의 감각이 생긴다. 이 집을 4년 들고 갔을 때 얼마가 남을지, 다음 집으로 올라갈 수 있는 자금이 얼마나 만들어질지 스스로 계산할 수 있게 된다.

세금을 생각하지 않으면 수익이 난 것처럼 보이는데 실제로는 제자리인 경우도 있다. 그래서 부동산에서는 세금이 전부라는 말이 나오는 것이다. 세금을 모르면 투자를 하는 게 아니라 운에 맡기는 것이다. 하지만 세금을 알면 같은 시장에서도 훨씬 안정적으로 움직일 수 있다.

4×4 전략이 완성되려면 타이밍만 맞추는 게 아니라 세금의 흐름까지 같이 읽어야 한다. 그래야 갈아탈 때마다 눈덩이가 실제로 커진다. 그리고 그 눈덩이가 결국 서울 상급지까지 밀고 올라가는 힘이 된다.

# 하락장이 와도 버티는 힘 : 4단계 공식은 우상향을 전제로 한다

부동산을 하다 보면 누구나 한 번은 집을 샀는데 가격이 떨어지는 순간을 겪게 된다.

처음 겪는 하락장은 생각보다 크게 느껴진다. 숫자 하나가 줄어드는 것뿐인데, 마음은 훨씬 크게 흔들린다. 계약할 때는 확신이 있었는데, 몇 달 지나 시세를 보면 불안이 올라온다.

"내가 잘못 샀나?" "조금 더 기다릴 걸 그랬나?" "이거 계속 떨어지는 거 아니야?"

누구나 한 번씩 이런 질문을 스스로에게 한다. 그리고 이 질문 앞에서 많은 사람이 흔들린다.

하지만 여기서 꼭 짚고 넘어가야 할 것이 있다. 4×4 사이클은 단기 상승을 맞추는 전략이 아니다.

이 공식은 긴 시간 동안의 우상향을 전제로 만들어진 구조다.

부동산 시장은 늘 오르기만 하지 않는다. 내려갈 때도 있고, 멈춰 있을 때도 있고, 아무 일 없는 것처럼 조용한 시기도 있다. 하지만 긴 시간으로 보면 결국은 우상향해왔다. 이건 감정이 아니라, 역사가 보여주는 흐름이다. 서울도 그랬고, 수도권도 그랬고, 핵심 입지일수록 더 그랬다. 그래서 중요한 건 하락이 오느냐 안 오느냐가 아니다. 하락이 왔을 때 버틸 수 있느냐 없느냐가 중요하다.

4×4 전략에서 가장 중요한 힘은 상승장에서 사는 능력이 아니라 하락장에서 버티는 능력이다. 사람들은 집값이 오르면 자신감이 생긴다. "역시 내가 잘 샀어." 하지만 진짜 실력은 가격이 떨어질 때 나온다. 그때도 버틸 수 있는 사람이 결국 다음 상승장에서 웃는다.

하락장은 누군가에게는 공포지만 누군가에게는 준비 시간이다. 가격이 멈추고, 시장이 조용해지고, 사람들이 관심을 끊을 때, 그때가 다음 점프를 준비하는 시간이다.

4×4 사이클이 돌아가는 이유도 여기에 있다.

4년이라는 시간은 상승만 포함하는 시간이 아니다. 상승, 조정, 횡보. 이 모든 구간을 통과하는 시간이다. 그래서 이 전략은 "지금 당장 오른다"를 전제로 하지 않는다. "시간이 지나면 결국 오른다"를 전제로 한다. 이게 굉장히 중요한 차이다. 단기 타이밍에 기대는 투자는 조금만 어긋나도 무너진다. 하지만 시간에 기대는 전략은 흐름이 다시 맞춰진다.

그래서 4단계 사이클 공식에서 대출을 이야기할 때도 늘 같은 말을 반복했다.

'버틸 수 있는 만큼만 하라.'

하락장이 왔을 때 이자가 부담이 되고, 생활이 흔들리고, 잠이 안 올 정도라면 그건 버틸 수 있는 대출이 아니다. 하지만 감당 가능한 범위 안에서 계획적으로 가져간 대출이라면, 결국 시간이 해결해준다.


집값은 내려갈 수 있다. 하지만 시간이 쌓이면 입지는 다시 평가받는다. 특히 서울과 수도권 핵심 입지는 사람이 계속 몰린다. 직장이 있는 곳으로, 교통이 좋은 곳으로, 교육이 좋은 곳으로. 다시 한번 말하지만 사람은 계속 움직인다. 그래서 수요는 사라지지 않는다. 수요가 사라지지 않는 곳은 결국 다시 올라간다.

하락장은 시장의 숨 고르기다. 한 번 숨을 고르고, 다시 뛰기 위해 잠깐 멈추는 시간이다.

명심하자. 그 시간을 버티는 사람이 다음 구간을 가져간다.

# 유연성 : 4년이 아니라
# 2년 만에 기회가 올 수도 있다

이 책에서 4×4 사이클을 이야기해왔다. 4년씩, 네 번. 총 16년. 이건 방향을 잡기 위한 설계도다.

하지만 현실의 시장은 설계도대로만 움직이지 않는다.

부동산 시장은 숫자처럼 딱 떨어지지 않는다. 때로는 4년이 아니라 2년 만에 기회가 오기도 한다. 그래서 반드시 기억해야 할 것이 있다. 4×4는 공식이지만 절대적인 법칙은 아니다.

상황에 따라 2년 × 8번이 될 수도 있고, 4년 × 4번으로 끝날 수도 있고, 3년 + 5년 + 2년 + 6년이 될 수도 있다. 중요한 건 "4년을 채워야만 움직인다"가 아니라 "움직일 수 있을 때 움직인다"는 개념이다.

시장에는 항상 변수가 생긴다.

정부 정책이 바뀌고, 대출 규제가 강화되고, 금리가 올라가고, 급매물이 쏟아지는 순간이 온다.

그 타이밍은 꼭 4년째 되는 날에 찾아오지 않는다. 어떤 때는 2년 만에 온다. 그리고 그 2년은 4년보다 더 강력한 기회일 수 있다.


예를 들어보자.

2년 동안 보유했고, 가격이 이미 충분히 올랐고, 더 좋은 상급지에 급급매가 나왔다.

이때는 4년을 채우려고 기다릴 필요가 없다. 갈아탈 수 있다면 갈아타는 게 맞다.

특히 2년 이상 보유한 상태라면 세금 조건도 어느 정도 충족되는 구간이기 때문에

움직일 수 있는 폭이 생긴다. 부동산은 기다리는 사람보다 움직이는 사람이 가져가는 시장이다. 그래서 4×4를 이해한 사람은 4년에 묶이지 않는다.

4년을 기본 단위로 보되, 2년 만에 기회가 오면 그걸 잡을 준비가 되어 있어야 한다.

여기서 중요한 게 하나 더 있다. 갈아타는 것을 두려워하지 말라는 것이다.

많은 사람이 첫 집을 사고 나면 거기에 너무 오래 머문다.

"지금 팔면 아깝지 않을까?" "조금만 더 오르면 팔아야지." "타이밍을 더 봐야지."

이렇게 시간을 보내다가 정작 더 좋은 매물이 나왔을 때 움직이지 못한다.


갈아타기는 실패가 아니라, 속도를 올리는 행동이다.

자산은 한 번에 커지지 않는다. 3억 원이 5억 원이 되고, 5억 원이 8억 원이 되고, 8억 원이 12억 원이 되고, 12억 원이 20억 원으로 점프한다. 이 과정에서 갈아타기는 최소 3번, 많게는 5번 이상 일어난다. 그래서 4×4는 정확히 말하면 '4번의 이동'을 전제로 하는 구조다.

하지만 그 이동이 꼭 4년 간격일 필요는 없다.

2년 만에 한 번, 3년 만에 한 번, 4년 만에 한 번. 이렇게 더 빠르게 계단을 오를 수도 있다.

특히 시장이 크게 흔들릴 때는 숫자가 더 빨라진다.

하락장이 오면 급매가 나온다. 대출을 감당하지 못해 급하게 내놓는 매물, 이혼이나 상속, 사업 문제로 빨리 정리해야 하는 매물, 이런 매물은 시세보다 5%, 10%, 심하면 20%까지도 저렴하게 나오기도 한다. 이때는 4년을 기다릴 이유가 없다. 기회는 눈앞에 있을 때 잡아야 한다. 그래서 임장을 생활화해야 한다.

임장은 한 번 가는 이벤트가 아니라, 습관이다. 생각날 때마다 동네를 걸어보고, 부동산에 들어가 보고, 매물을 물어보고, 가격 흐름을 몸으로 느껴야 한다.

그래야 기회가 보인다. 기회는 준비된 사람 눈에만 보인다. 평소에 안 보던 사람은 급매가 나와도 그게 싼 건지 비싼 건지 모른다. 하지만 매물을 계속 보던 사람은 딱 안다. "이건 싸다." "이건 잡아야 한다." 그 순간 움직일 수 있는 사람이 결국 가져간다. 그래서 눈을 열어야 한다. 4년이라는 시간은 기본 설계일 뿐이다.

그 안에서 2년 만에 한 번, 3년 만에 한 번 기회가 튀어나올 수 있다. 그 기회를 몇 번 더 잡느냐에 따라 16년이 12년이 될 수도 있고, 10년이 될 수도 있다.

3억 원에서 시작해서 10억 원으로 가는 데 4년이 걸릴 수도 있고, 2년밖에 안 걸릴 수도 있다. 10억 원에서 15억 원으로 가는 데 또 4년이 걸릴 수도 있고, 시장이 좋으면 2~3년 만에 점프할 수도 있다.

그래서 중요한 건 기간이 아니라 횟수다. 몇 번 갈아탔느냐. 몇 번 상급지로 이동했느냐. 그게 자산을 키운다.

4×4는 4번의 점프를 의미한다. 그 점프가 4년마다 올 수도 있고, 2년마다 올 수도 있고, 불규칙하게 올 수도 있다. 그래서 시장을 항상 보고 있어야 한다. 언제든 올라탈 준비. 언제든 넘어갈 준비. 그 감각이 쌓이면 기회는 점점 빨리 보인다.

처음에는 4년이 걸렸던 점프가 다음에는 3년, 그 다음에는 2년으로 줄어든다.

그게 경험이다. 그래서 이 챕터에서 꼭 기억했으면 좋겠다. 4년을 채워야 움직이는 게 아니다.

움직일 수 있을 때 움직이는 것이다. 기회는 정해진 날짜에 오지 않는다. 갑자기 온다. 그래서 준비된 사람만 그 기회를 잡는다.

# 4번의 사이클을 오른 당신, 이제 그곳에서 삶을 즐겨라

여기까지 읽었다면 당신은 이미 절반은 해낸 사람이다. 아직 첫 집을 사지 않았을 수도 있고,

이제 막 수도권을 고민하는 단계일 수도 있고, 이미 두세 번의 갈아타기를 경험하며 서울을 바라보고 있는 지점에 서 있을 수도 있다. 어느 위치에 서 있든 상관없다.

중요한 건 당신이 지금 '계단'을 보고 있다는 사실이다.

이 책은 집을 사는 기술만을 이야기하기 위해 쓰인 책이 아니다. 더 비싼 집을 사라고 부추기기 위한 책도 아니다. 이 책은, 한 계단씩 올라가는 법을 이야기한 책이다.

인생을 한 번에 바꾸는 방법이 아니라 시간을 쌓아 인생을 바꾸는 방법을 담은 책이다. 처음 계단은 작다. 그리고 흔들린다. 첫 집을 계약할 때의 떨림, 대출이자에 대한 불안, "내가 이걸 감당할 수 있을까"라는 생각. 그게 첫 계단이다. 하지만 두 번째 계단에 올라서면 조금 단단해진다. 집을 한 번 사봤고, 한 번 팔아봤고, 시장이라는 것이 어떻게 움직이는지 몸으로 경험했기 때문이다. 세 번째 계단에 올라서면 비로소 서울이라는 이름이 눈에 들어오기 시작한다.

그때부터는 단순한 내 집 마련이 아니라 자산의 방향을 고민하게 된다.

그리고 네 번째 계단.

그곳에 올라서는 순간 당신은 더 이상 쫓아가는 사람이 아니다.

자리를 지키는 사람이 된다. 그곳에서 내려다보는 풍경은 출발선에 서 있던 시절과 완전히 다르다. 처음 이 책을 펼쳤을 때를 떠올려보자. 막막했을 것이다.

"내가 과연 할 수 있을까."

"서울은 너무 멀지 않을까."

"지금 시작해도 늦은 거 아닐까."

그 질문은 틀린 질문이 아니다. 누구나 해야 하는 질문이다. 하지만 시간이 흐르면

그 질문은 이렇게 바뀐다.

"어느 순간 여기까지 왔지?"

그게 4×4의 힘이다. 한 번에 바뀌지 않는다. 하지만 4년이 지나고, 또 4년이 지나고, 다시 4년이 지나면 어느 날 문득 완전히 다른 위치에 서 있는 자신을 발견하게 된다.

처음에는 3억 원이 전부였지만, 어느 순간 10억 원을 고민하고, 또 시간이 흐르면 15억 원을 보고, 그리고 결국 서울 상급지에 서 있게 된다.

이 책은 한 번 읽고 끝내는 책이 아니다. 가능하다면 앞으로 16년 동안 당신 곁에 두고 주기적으로 다시 펼쳐봤으면 좋겠다.

첫 번째 집을 고민할 때 다시 보고, 첫 갈아타기를 앞두고 다시 보고, 대출이 무서워질 때 다시 보고, 하락장이 와서 마음이 흔들릴 때 다시 보고.

그때마다 이 책은 조금 다른 의미로 읽힐 것이다.

처음에는 희망으로 읽히고, 두 번째는 계획으로 읽히고, 세 번째는 전략으로 읽히고, 마지막에는 추억으로 읽히게 될 것이다.


그렇게 16년을 함께하는 책이 되었으면 한다. 이 길을 걷다 보면 궁금한 순간들이 반드시 온다. 지금 사도 되는 건지, 더 기다려야 하는 건지, 갈아타는 게 맞는지, 버티는 게 맞는지.

현실은 책처럼 단순하지 않다. 그래서 누구나 한 번쯤은 멈춰 서게 된다. 그럴 때 혼자 고민하지 않았으면 좋겠다. 임장은 혼자 다닐 수 있지만 방향은 혼자 잡기 어렵다.

책을 읽다가 막히는 부분이 있거나, 현실에서 판단이 어려운 순간이 오면

임장패밀리 홈페이지 상담게시판에 질문을 남겨주면 된다.

내가 직접 하나하나 읽고 직접 답변을 남기겠다.

이 책이 글로만 끝나는 책이 아니라, 현실로 이어지는 책이 되었으면 한다.

같은 길을 먼저 걸어본 사람으로서 조금 더 빨리, 조금 더 안전하게 계단을 오를 수 있도록 끝까지 돕고 싶다.

16년은 길다. 하지만 돌아보면 눈 깜짝할 시간이다. 그 시간 동안 당신은 분명히 달라질 것이다.

처음보다 더 단단해지고, 더 침착해지고, 더 멀리 보게 된다.

그리고 어느 날 등기권리증을 바라보며 이렇게 말하게 될 것이다.


"고생했다."


누구에게 하는 말이 아니라 스스로에게 하는 말이다.


그 순간이 오면 이 책을 다시 한 번 펼쳐봤으면 좋겠다.

처음 이 책을 읽던 날의 마음과 지금의 마음이 얼마나 달라졌는지 조용히 느껴봤으면 좋겠다.

여기까지 온 당신은 충분히 잘해왔다. 그리고 앞으로도 충분히 잘 해낼 것이다.


포기하지 말고,

흔들리지 말고,

한 계단씩 올라가자.


당신의 4x4를 진심으로 응원한다.


파이팅이다.


땅땅무슨땅 윤만

저자 1:1 부동산 상담<br>임장패밀리 홈페이지 상담게시판

# 서울 아파트,
# 20대부터 준비하라

ⓒ 윤만

초판 1쇄 인쇄 2026년 3월 20일

| | |
|---|---|
| 지은이 | 윤만(땅땅무슨땅) |
| 기획 | 조영훈 |
| 디자인 | 권글짜 |
| 마케팅 | 정호윤, 김민지, 송유경, 김은주, 최서환 |
| 펴낸곳 | 모티브 |
| 이메일 | motive@billionairecorp.com |

ISBN 979-11-24370-08-7 (03320)